モヤモヤな毎日をワクワクに変える

# シンデレラノートのつくりかた

手帳のじかん 著

日貿出版社

# はじめに

はじめまして、手帳のじかんです。

突然ですが、あなたは
「自分を変えたいのに変えられない…」
「毎日が同じことの繰り返し…」
「自分には夢を叶える能力や才能がない…」
と思ったことはありませんか?

周りの人はどんどん進んでいるのに、自分だけ取り残されているような…。
そんな感覚になることってありますよね!
以前の私も、日々同じようなことで悩んでいました。
そんな時活用したのが、この本でご紹介するシンデレラノートです!
SNSで話題の自分磨きノート術なので、
1度は見たり聞いたりしたことがあるのではないでしょうか?

自己肯定感が低く、他人と比べて落ち込む日々を送っていた私も、
シンデレラノートを活用するようになってからは
自分の人生を心の底から楽しめるようになりました!

この本は、『現状から抜け出して新しい未来を切り開きたい!』
というあなたにおすすめの本です。

悩んだ時や迷った時のサポートができる1冊に仕上がっていますので
ぜひお手元に置いて、繰り返し読み返したり、
実践していただければ嬉しいです。

シンデレラノートについての最新情報は、
手帳のじかん YouTubeや Instagramで発信をしています!
ぜひ一緒に楽しみながら毎日を過ごしていきましょう!

シンデレラノートとはどんなものでしょう？
なりたい自分をイメージしてノートに記していく方法を教えます。

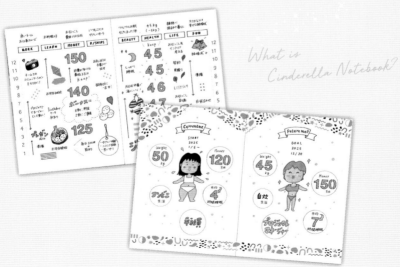

What is
Cinderella Notebook?

シンデレラノートのつくりかた

テーマを設けると目的意識がハッキリします！
テーマ別ノートのアレンジ方法を紹介します。

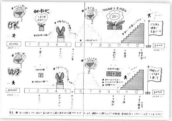

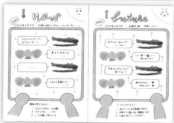

How to make Cinderella Notebook

ノートを楽しく飾っていくにはかわいい文字やイラストが必須です。
ポイントやコツを紹介していきます!

メリークリスマス

Wedding

STAR

How to draw illustration & lettering

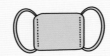

CONTENTS

## CHAPTER 3　ノートを彩るためのイラスト＆レタリング

# CHAPTER 1

# シンデレラノートって何？

なりたい自分になれるノートとは？
まずはシンデレラノートがどんなものか知りましょう！

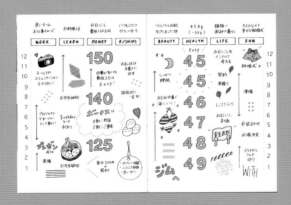

# シンデレラノートとは？
## What is Cinderella Notebook

夢を叶えるシンデレラノートって何だろう？ というあなたへ！
魔法の世界へようこそ！ これからやさしく解説するよ！

## なりたい自分になる為のノート

　　シンデレラノートとは、なりたい自分や叶えたい目標などを明確にして、それを叶える為の思いや行動を記録するノートです。SNSで話題になり、若い女子はもちろん、大人女子からも人気を集めています！『自分磨きノート』や『夢ノート』と言われることもありますが、作り方に細かいルールは一切ありません。誰でもすぐに始められます。なりたい自分になる為にはどうしたらイイのか？　自分で考え、工夫しながら自由につくりあげていくのがシンデレラノートなのです。「本当はこうなりたいな」「こうだったらイイな」という理想は誰にでもありますよね！ 理想はあるけど、それを形にするのは難しい…。なぜなら、やりたいことではなく、やるべきことに日々追われているから…。

　　シンデレラノートは、そんな時間のないあなたや、これまで何度も夢を叶えようとして挫折してきたあなたにこそつくってほしいノートです！『過去・現在・未来』と、もう１度ゆっくり向き合い、新しい人生のストーリーを作ってみましょう！ きっと、これからの人生のあらゆる場面で、あなたの背中を押してくれる魔法のノートになること間違いなしですっ！

## イメージできれば夢は叶う！

　　『夢はイメージすると必ず叶う！』と聞くと、あなたはどう感じますか？

　　そんなことはありえない…！ 夢は叶わないから夢なんだ！ とネガティブなイメージを持つ方がほとんどだと思います。でも本当にそうでしょうか？
農民から天下統一を果たした豊臣秀吉は、なぜ夢を叶えることができたのでしょう？

　　離婚して極貧生活を送り、自殺まで考えていたハリーポッターシリーズの作者J・K・ローリングは、なぜ世界で５億冊以上を売り上げるベストセラー作家になることができたのでしょう？

　　答えは簡単！ そう！ どんな時でも自分の夢をイメージし続けていたからです！

　　不幸な境遇や環境に執着せず、なりたい自分を思い描くことを忘れなければ、夢は必ず叶います。特別な才能を持っていたり、恵まれた環境にいる人だけが成功するのではない…！ 実はあなたも気づいているのではないでしょうか？　自分に制限をかけるのが当たり前になっていると夢はイメージできないもの。自分の可能性を信じて、あなたも夢を描いてみましょう！

## シンデレラノートで叶った夢たち

著者がシンデレラノートを活用して叶えてきた夢たちを一部ご紹介！
学生時代から今現在も、ライフスタイルの変化に合わせて
シンデレラノートを更新しているよ！

出会いから半年で結婚

素敵な旦那様に出会えた

収入UP

本の出版

育児と仕事を両立できた

産後ダイエットに成功

やりたい事がどんどん増えた

高校3年間学年1位

『好き』を仕事にできた

素敵な仲間に出会えた

不妊治療を経て赤ちゃん授かった

子供が3人

シンデレラノートで
あっという間に
人生が変わる！

# なりたい自分をイメージする

## Image of yourself

自分が今まで持っていたセルフイメージは工夫次第で簡単に
書き換えられるよ！ さぁ"新しい自分"をイメージしよう！

## 大切なのは未来からの視点！

　新しい1歩を踏み出そうとする時、必ずジャマをするのが『過去』や『セルフイメージ』です。「何も続かなかったから、今度も無理だろう」「親が頭が悪いから、自分も頭が悪い」など、自分で自分のイメージをつくっていませんか？ 長年の生活で築きあげてきた自己イメージは、そう簡単に変えることができないかもしれません。

　そんな時は「過去→現在→未来」という時間軸をガラリと変えてみましょう！ 未来からの視点を持って「未来→現在→過去」という流れにすれば、過去や固定された自己イメージにとらわれることがありません。未来はたくさんの可能性で溢れているので、「どうせダメだ」「うまくいくはずがない」と『心の壁』を感じる必要もないのです。

　自分自身や家族、他人から、これまでに受けた否定的な感情や言葉を手放してみてください。出会う人・受け取る言葉・心地よい環境など、あなたが思う最高の未来を考えてみましょう！

## わくわくの未来を書き出していく！

　「でも、どうやって最高の未来を考えればいいの？」と疑問に思いますよね！ 自分の中にある『思い込み』や『当たり前』が障害物となり、未来をイメージするのが難しいと感じることもあるでしょう！

　例えば、『英語習得には最低1年間かかる！』と思っている人は、1年以内に英語を習得することができません。『英語習得期間は最低1年間』という世界しか目に入らなくなるからです。見える世界の外側には、いろんな世界が広がっているということに気づかないのはとてももったいないと思いませんか？

　今の自分を取り巻く環境の『思い込み』や『当たり前』を1度疑ってみましょう！

　これまでの生活で「なぜ？」と思う瞬間がない場合は、未来を描くアンテナが鈍っているかもしれません。

　まずは紙とペンを準備して、自分の常識を書き出してみてください。そこから自分の常識に「なぜ？」と問いかけていけば、本当に手に入れたいわくわくの未来が自然に見えてきます。

## 心の中にいる天使と仲良くする！

人間の心にはポジティブな言葉を使う天使と、ネガティブな言葉を使う悪魔がいる！
どちらと仲良くするかは自分自身で選択することができるよ！

**天使**

プラスの言葉を使う
心の中のもう1人の自分

きっと
上手くいく！

絶対に
できる！

必ず
成功する！

**悪魔**

マイナスの言葉を使う
心の中のもう1人の自分

どうせ
ムリ！

やっても
ムダ！

あなたは
ダメ人間！

夢を信じる
もう1人の自分を
味方にしよう！

# 自分の手で書く6つのメリット

Write out

隠れた能力やアイデアを引き出すために
自分の手を使おう！　6つのメリットを紹介するよ！

## 手書きに秘められた6つのメリット

### メリット1 記憶にのこる

手で文字を書くという触覚を使う複雑な動きは、キーボードで文字を打つよりも脳を刺激する！
つまり記憶に残りやすい！

### メリット2 意識が変わる

手書きはデジタルに比べて誘惑が少なく、気が散りにくい！
集中力がUPする為、ONとOFFの切り替えもスムーズに！

### メリット3 アイデアが生まれる

紙に書き出すと、脳が刺激されるのはもちろん、『見える化』される！
点と点が線になり、新しい発想に辿り着きやすい！

### メリット4 成長が実感できる

心を落ち着かせ、『考えること』を後押ししてくれる為、成長スピードも早く、成長が実感しやすい。
自己肯定感UPにも効果的！

### メリット5 わくわくする

手書きで思考が整理されて、心がスッキリ！ 不安要素が少なくなり、日常にわくわくが増える！
好みの文房具を使えばさらに楽しい！

### メリット6 リラックスできる

思いのままに文字を書いたり、イラストを描いたり、心の浄化や癒しの効果が高い！
心も体もリラックスできる！

## 自分の手で書く6つのメリット：図解

手書きは、生活のいろんな場面で、あなたに良い影響を与えてくれるよ！
どんな状況においてオススメなのか確認してみよう！

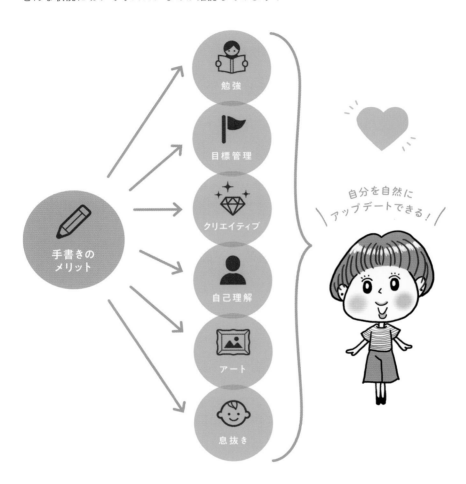

自分を自然に
アップデートできる！

書けば書くほど
人生が豊かになる！

# PART 04 モチベーションを高める！
## Motivation

写真やイラストなどを活用して、常にモチベーションをUPさせよう！
ノートを開く楽しみができるよ！

## イメージはできるだけ具体的に！

　同じお話でも、文字だらけの小説よりもイラストのある漫画、イラストのある漫画よりも声や動きのあるアニメーション動画の方がわかりやすいし、記憶に残りやすいですよね！　なりたい自分になるためのシンデレラノート作りも全く同じです！　できるだけわかりやすく！　できるだけ具体的に！　できるだけ映像化する！　という意識を持って作ることがとても大切になります！　ポイントは、写真やイラストを使って心のワクワクを引き出すこと！

　人間の脳は、『実際に現実に存在する何かを見たり感じたりすること』と『頭の中で作り上げたイメージを見たり感じたりすること』を区別できないことが証明されています！　これはとても素晴らしいことだと思いませんか？　何度も繰り返し、具体的なイメージ・トレーニングをすることによって、実際にはまだ実現していないけれど、頭の中で作り上げたイメージの『経験』があなたの新しい未来を作り上げることができるのですから！　具体的なイメージ『自分の当たり前』が潜在意識の中に刷り込まれることで、日々の行動にも良い影響が出てきます。毎日見て、触れて、感じるシンデレラノートに、具体的なイメージ・トレーニングをプラスして自分の脳を最大限喜ばせてあげましょう！

## 好きなものでいっぱいにしよう！

　具体的なイメージの重要性がわかったら、次は心のスクリーンを好きなものでいっぱいにすることにも注目してみましょう！

　あなたの心はどんな色を好み、どんな風景を描き、どんな言葉を受け取りたいと思っているでしょうか？　なりたい自分を描き、人生のゴールを設定すれば、必ずそこには『責任』『リスク』『自分との約束』が生まれます。

　最初はわくわくしながら作ったシンデレラノートも、時間の経過と共に「この夢を追い続けるのは無理があるのでは？」「これは自分にとって大きすぎる目標だったかも？」と迷いが出てくることがあるはずです。

　人間は無意識のうちに『言い訳』や『やらない選択』をして、逃げ道を作ってしまう生き物だから…。そう悩んだり、不安に思っている内に、あなたは大きなチャンスを逃してしまいます。チャンスを逃さない為には、具体的な夢のイメージやシンデレラノートの中身をできる限り好きなものでいっぱいにすることが大切です！　どんな誘惑が来ても、逃げ出したくならない状況を自分の手で作っていきましょう！

# わくわくノートは自分でつくれる！

文字やイラストが上手か下手かは全く関係ないよ！
好きなものを詰め込んだ、あなただけのわくわくノートを作ってみよう！
すぐに真似できる３つのおすすめポイントをご紹介するね！

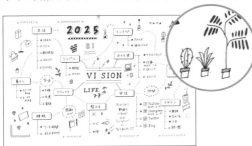

### Point 1　ちょこっとイラスト

上手なイラストではなく
『自分の心に伝わる』イラストで
未来がイメージできる！
イラストは『未来を描く』ための１つの道具！

結果　わくわくが止まらない！

### Point 2　色とりどりの文字

お気に入りのペンやカラフルペンを使って
色彩豊かにノートをカスタマイズ！
色が人の心理と行動に与える影響は絶大！
カラフルなノートで元気をチャージ！

結果　楽しみがどんどん増える！

### Point 3　写真や画像

理想の人・モノ・コト・場所など
実際に『見える化』すると、
進むべき道がしっかりわかる！
絵が苦手でもしっかり想像できる！

結果　気分が上がる！

見て触れて感じる
心のワクワクが
必要不可欠！

# なりたい自分になるための 3つのSTEP  *I want to be*

**具体的な考え方が知りたいな！ というあなたへ！**
**なりたい自分になるための大切な3つのSTEPをご紹介するよ！**

## とにかくシンプルな3STEP

### Step.1　ビジョン設定

ビジョンとは、自分の夢が叶った時に、そこから見える景色や世界を指します。
山登りに例えると、『山の頂上から見える景色』や『山頂にいる自分の姿』というイメージです。
どんな時もビジョンを最初に設定します。

### Step.2　マイストーリー設定

マイストーリーとは、ビジョンにたどり着くまでの自分のストーリーを指します。
山登りに例えると、『山登りコース』というイメージです。
どんなコース？ いつ登る？ いつ休憩する？ など細かく設定します。

### Step.3　現在地の把握

現在地の把握とは、『今いる自分の場所』をしっかり把握することを指します。
山登りに例えると、『遭難しない為の対策』というイメージです。
どのくらいの食料が必要？ 緊急時にはどう動く？ など予め準備をします。

## ポイントは逆算思考

　『逆算思考』とは、ゴールを基準に、今やるべきことは何か、どのように進めていくかを逆算して計画を立てる思考方法です。
　例えば、100kmマラソンを想像してみましょう！「よ〜い！ スタート！」で一斉に走りだした時、『今』を意識して走る人と、『ゴール』を意識して走る人とでは、結果に大きな差が生まれるのはなぜでしょうか？『今』を意識して走る人は、「まだかな〜」「ながいな〜」と不平不満が多くなったり、諦めやすくなりがちですが、『ゴール』を意識して走る人は「次の休憩ポイントまであと6分！」「坂道が多いから少しスピードを落とそう！」など、小さいステップに落とし込みができるので着実にゴールまでの道のりを導き出すことができます。
つまり、「これは何のために必要なの？」「今なぜこれをしているの？」など、本来の目的を忘れずに行動できるので、最短距離・最短時間で夢を叶えることができるというわけです。
　なりたい自分になる為に、この『逆算思考』を日頃から意識したいですね！

## なりたい自分になるための3STEPを図解

なりたい自分になるための3STEPを山登りに例えてみたよ！
自分だけのコースを探して、楽しみながら夢に到達できたらイイよね！
この図はしっかりイメージしておこう！

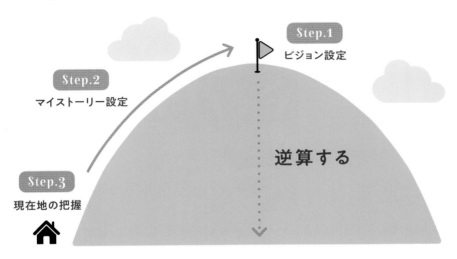

どんなに大きな夢も分解して考える。
できることを落とし込み、小さな成功体験を積み上げるとGOOD！

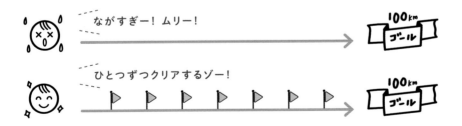

他人と比べず
あなたらしいストーリーを
描こう！

# 見るだけでワクワクする未来
## Vision Map

1年後の結婚式に向けてマイナス5キロのダイエットを成功させたい！
という女性を例にバランスの取れたビジョンマップのポイントを解説！

### 1 理想の体重を しっかり記載！

ただ『痩せたい』という願望ではなく具体的な数字でゴールを設定！ 理想のイメージを具体化できている！

### 2 ダイエット以外にも 目を向ける

ムリなダイエットをして体調を崩したりお肌がガサガサになっては本末転倒！ なりたい自分になる為に8つのバランスを意識している！

### 3 自分好みにカスタマイズ

毎日見てイメージするページだからテンションの上がる文房具を使ってカスタマイズ！ ビジョンページを作った時のわくわく感を忘れないように工夫している！

結婚してくれて
ありがとう

**4** 目標達成の先に
あるものをイメージ！

『何の為にダイエットをするの？』に対
する自分の答えが明確にある状
態！　大切なことを忘れることなく1日
1日新しい自分にアップデートできる！

**5** 想像力を刺激する！

理想のイメージは写真や雑誌
の切り抜き・イラストなど活
用！　文字よりもイメージが
膨らむことで潜在意識に働きか
けることができる！！

才能が
スゴイ♥

良いチームに恵まれ
いつも仕事が
スムーズに
進んで
います！

毎日どんどん
お料理が
上手になって
います！

お引っこし費用
**150** 万円が
すんなりと貯まりました！

いつもニコニコ
体中から やさしさが
あふれています！

ニコニコ
かわいい♥

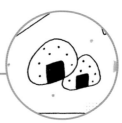

**6** マークやアイコンを
手書きで可愛く！

自分の中でマークやアイコン
を定番化すると愛着がわくの
でおすすめ！

イラストの参考例は
3章のP.097で解説

ビジョンの作り方は
2章のP.029で解説

なりたい自分を紙に書き出し
毎日イメージしよう！
目で見てすぐにイメージできるくらい
具体的にすることがポイント！

# 私だけのシンデレラストーリー

## Cinderella Story

1年後の結婚式に向けてマイナス5キロのダイエットを成功させたい！
という女性のバランスのとれたシンデレラストーリー！ ポイントを解説！

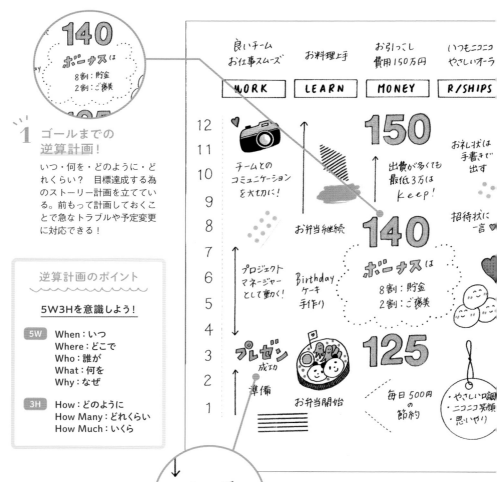

**1 ゴールまでの逆算計画！**

いつ・何を・どのように・どれくらい？ 目標達成する為のストーリー計画を立てている。前もって計画しておくことで急なトラブルや予定変更に対応できる！

### 逆算計画のポイント

**5W3Hを意識しよう！**

**5W**
When：いつ
Where：どこで
Who：誰が
What：何を
Why：なぜ

**3H**
How：どのように
How Many：どれくらい
How Much：いくら

**2 細かい未来も先に設定！**

自分の今望む未来を素直に描いている。結果があることで準備や対策が事前にしっかりできる！

**4 途中経過を
しっかり見える化！**

体重45キロになるまでの途中経過
が《見てパっとわかる》状態になって
る！ 具体的な数値の変化がわかると
毎月の目標も設定しやすい！

**5 目標途中に
ワクワクを追加！**

長期目標と短期目標を上手に
分けている！ 小さいワクワク
を追加するとモチベーショ
ン維持にも効果的！

**6 マステを切り抜いて
可愛くデコ！**

ちょっとした空間はお気に入
りのマステ（マスキングテー
プ）で可愛くデコレーショ
ン！ 計画・ストーリーが際
立つように控えめなマステを
チョイス！

| ツルツルお肌 引きしまった体 | 45kg (-5kg) | 植物に 囲まれた暮らし | 大切な人と 幸せな結婚式 | |
|---|---|---|---|---|
| **BEAUTY** | **HEALTH** | **LIFE** | **FUN** | |
| | keep | | | |
| 🌙 | 45 | お引っこし先 インテリア 考える | 🎀 | 12 |
| | 45 | 契約 | 結婚式 | 11 |
| しっかり 睡眠 | | 見積り | | 10 |
| | 46 | | 準備 | 9 |
| NEW水着で 海にいく！ | | LISTづくり | | 8 |
| | 47 | お引っこし 計画 | | 7 |
| | | | | 6 |
| | 48 | "PLAN" | 衣装合わせ | 5 |
| | | | 式場決定 | 4 |
| ジムへ | 49 | eeeeee | ブライダル フェア 巡り | 3 |
| | | | WITH | 2 |
| | | | | 1 |

あなたはどんな未来を描く？
『先のことはわからない』ではなく
未来から先に設定してみよう！

# 今と未来をサクっと見える化

## Now and future

1年後の結婚式に向けてマイナス5キロのダイエットを成功させたい！
という女性の今と未来の比較図！ポイントを解説！

**1 今の自分の姿を
しっかり記録！**

未来ばかりではなく今の自分
の姿をありのままに記録して
いる。行動しなければ何も変
わらないと意識できている。

**2 向き合うべきコトを
ピックアップ！**

『今の状況を整理する』という
意味で向き合うべきコトをピッ
クアップしている！（※現
状をムダに評価していない）

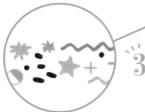

**3 好きなマステでデコレーション！**

ちょっとさみしい空間は気分を上げるマステ
でデコレーションしている！（間違えても貼
り直せるもので工夫）

**4** ページ全体の
統一感を意識！

見やすく、統一感を出すために
数字や丸形の枠の部分にテンプ
レートを活用している！　なぞる
だけでキレイな仕上がりに！

**5** 未来の自分の姿を
しっかり記録！

本当に望むもの・雰囲気をは
っきりさせている！　その結
果、自分に何が足りないのか、
これから何をすべきなのかが
見えてきている！

**6** 言葉がとても具体的！

『よく眠る』ではなく『平均7
時間睡眠』など具体的な記載
ができている！　あいまいに
しないことで本気度をupさ
せている！

現在の立ち位置と
未来の状況がわかると
自然に差を埋める行動ができるね！

# PART 06 土台ができたらあとは行動！

Take action

シンデレラノートは作ることが目的ではないよ！
作ったあとはしっかり行動していこう！

## 楽しんで行動するために

**Step.1　全てを数字におとしこむ！**

どんな行動も数字に変えて把握しましょう！ 比較できる対象があると評価や次の計画が立てやすいです！

**Step.2　習慣づける！**

歯磨きと同じレベルで行動できるように習慣化しましょう！ 日常に組み込んでいくことが大切です！

**Step.3　必ず振り返る！**

定期的に振り返りましょう！ 昔の自分と今の自分を比較して行動の修正や改善ができます！

**Step.4　変化を恐れない！**

イレギュラーや変化に柔軟な心でいましょう！『人生は計画通りに進まない』という心構えをもっておくとGOOD！

**Step.5　全ての工程に楽しさをプラス！**

心が喜ぶステップを必ず追加しよう！ 1度きりの人生だから、楽しまなくちゃ損っ！

## ポイントは農業のようにすること

### 1　土づくり

土の中にはたくさんの虫やみみずが住んでいて、その活動が「生きた土」を生み出します。土の環境を整えずに種をまくと、育たなかったり、病気になってしまいますよね！ つまり、『何事も土台が大切だ』ということです！ 最初に計画をしっかり立てましょう！

### 2　種まき

どんな種をまくのか？ いつ、どのくらいの量をまくのか？ そもそも、種はまいたものしか刈り取ることができません！ つまり、『行動しなければ何も始まらない』ということです！ どんなに小さい1歩でもまずは実行しましょう！

### 3　お世話

どのくらいの水の量なのか？ どんな頻度で手入れをするのか？ 土を耕し、種をまいても、お世話をしなければ植物は育ちません。つまり、『日々の記録や成長の管理が必要不可欠』ということです！ 定期的に記録し、自分の行動を振り返りましょう！

### 4　収穫

いつ収穫するのか？ 次はどうするのか？ 土の中の環境をそのまま活かすのか？ 良い連鎖をうむ為には、アップデートする必要があります！ つまり、『改善できる所はないか考えることが重要だ』ということです！ 1度ではなく何度も繰り返し再確認をしましょう！

## 行動のサイクル図解

農業の法則をPDCAサイクルに当てはめた行動サイクル図解！
今、自分はどの部分を取り組んでいるのか？ 把握することはとても大切！

**CHECK**

Plan（計画）・Do（実行）・Check（評価）・Action（改善）の
頭文字をとったPDCAサイクルは多くの企業で採用されている
セルフマネジメントメソッド！

**PLAN**
計画

シンデレラノート作成
（土づくり）

**DO**
実行

1日1日楽しんで実行する
（種まき）

**CHECK**
振り返り

定期的なノート振り返り
（水やり）

**ACTION**
改善

なりたい自分再確認
（収穫）

自然の流れ（時間のズレ）を
意識しよう！
何事も結果は後からついてくるよ！

# CHAPTER 2

# シンデレラノートのつくりかた

叶えたい目標・夢に特化したノートのパターンを紹介。
あくまで例なので自分なりにアレンジしましょう。

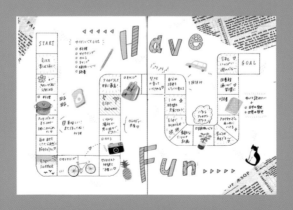

# さっそく一緒につくってみよう！

## Let's make it together

作り方はとっても簡単！ お気に入りの手帳やノートを準備して
さっそく一緒につくってみよう！

## シンデレラノートの作り方

### 〈 準備するもの 〉

**① お気に入りの手帳やノート** 📖

色や大きさなど、自分好みの手帳やノートを準備
しましょう！ 方眼タイプだと、気軽に線や図形
を楽しめるのでおすすめです！

**② 下書き用えんぴつ**

後から消せるえんぴつやシャーペンを準備しまし
ょう！ 芯が細く、消しても後が残りにくいもの
がおすすめです！

**③ お好みのペン**

太さや発色など、使いやすいものを選んでみまし
ょう！ にじみや裏写りなどで汚れないように事
前にチェックすると良いですよ！

**④ お好みの画像や
シールやマステ等** 

心がときめく画像やシール・マステなどの文房具
を準備しましょう！ 雑誌やカタログなどから素
材を集めるのもおすすめです！

### 〈 作り方の流れ全体像 〉

**Step.1　ワークシートで思考を整える**

シンデレラノートを書く前に、まずはぐちゃぐち
ゃの頭の中を整理します。ワークシートに書き出
して、思考の『見える化』をすることで、より深い
願望にたどり着くことができます。

※詳しくはP32へ

**Step.2　下書きをする**

えんぴつでノートに下書きをします。どんな場所
に文字を書くのか？ どんな配置で画像をおくの
かをイメージしながらデザインをします。

※詳しくはP52へ

**Step.3　わくわくする素材を集める**

下書きの段階でイメージした画像などの素材を集
めます。必要な素材よりも多めに準備しておくと、
間違ったときに役立つはずです！

※詳しくはP60へ

**Step.4　清書をする**

お好みのペンで清書をします。清書をした後、ペ
ンがしっかり乾いたら下書きを消します。制作の
途中で間違えたり、ちょっと見た目が悪くても気
にしないでください！

※詳しくはP62へ

## シンデレラノートの作り方を図解

シンデレラノートの作り方、全体の流れをまとめてみたよ！
上から下に向かって作成してみよう！
全ての始まりはワークシートからだね！

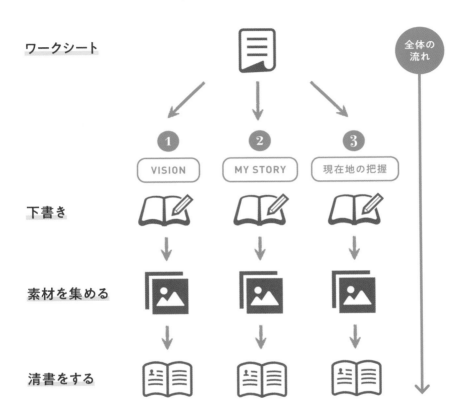

ワークシート

① VISION
② MY STORY
③ 現在地の把握

下書き

素材を集める

清書をする

全体の流れ

シンデレラノートは
1度つくって終わりじゃないよ！
人生の節目や年末年始など
定期的に更新してみよう！

PART 01-1

**QUESTION**

# 書き込み式ワークシートで なりたい自分を探そう！

*Worksheet*

なりたい自分はどんな自分？ 8つの質問に答えながら自分と向き合ってみよう！
自分の知らない自分に出会えちゃうカモ！

## 自分に問いたい8つの質問全体像

**Question.1** **あなたの大切な軸は何？** ※詳しくはP34へ

あなたが人生で大切だと思うことは何ですか？ 夢を叶える前に自分の価値観をチェックしましょう！

**Question.2** **好きなモノ・コト・人・場所は？** ※詳しくはP36へ

見るとわくわくしたり、ウキウキする瞬間はありますか？ なぜ好きなのか言葉にして表現してみましょう！

**Question.3** **苦手なモノ・コト・人・場所は？** ※詳しくはP38へ

考えるだけで嫌な気持になったり、気分が下がることはありますか？ 自分の苦手に向き合ってみましょう！

**Question.4** **調べたり勉強が苦にならないコトは？** ※詳しくはP40へ

これはつい調べちゃうな！ 振り返ると勉強してたかも？ という経験はありますか？ 洗い出してみましょう！

**Question.5** **よくお金を使うモノ・コト・場所は？** ※詳しくはP42へ

短期的・長期的なお金の流れの中に『投資』要素のあるものはありますか？ 書き出してみましょう！

**Question.6** **よく時間を使うモノ・コト・場所は？** ※詳しくはP44へ

好きな時間の過ごし方や、時間を費やしたいコトなどを発見する為に、今の時間の使い方について考えてみましょう！

**Question.7** **本当は手放したいモノ・コトは？** ※詳しくはP46へ

口には出さないけれど、本当は手放したいと思っていることはありますか？ 全部文字にしてみましょう！

**Question.8** **本当は手に入れたいモノ・コトは？** ※詳しくはP48へ

自分の心に制限をかけずわがままになれるとしたら何を手に入れたいですか？ 子供の頃を思い出してみましょう！

*Ikigai*

## 生きがいの図

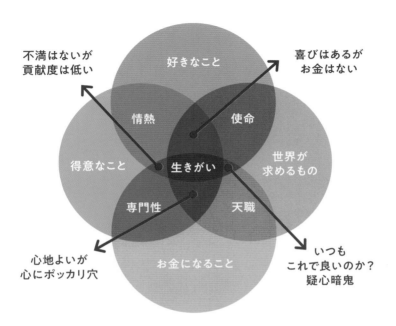

不満はないが
貢献度は低い

好きなこと

喜びはあるが
お金はない

情熱　　使命

得意なこと　生きがい　世界が
求めるもの

専門性　　天職

心地よいが
心にポッカリ穴

お金になること

いつも
これで良いのか？
疑心暗鬼

### 【生きがい】とは下記4つの中心にあるもの！

好きなこと　　得意なこと　　世界が求めるもの　　お金になること

※お金になることの先に、『お金を払ってくれる人』がいることを忘れないようにしよう！

自分のできることで
他者貢献ができた時
あなたの生きがいが生まれるよ！

# あなたの大切な軸は？

What is important to you?

あなたが大切にしている軸をきめておこう！
自分の中で人生の優先順位を確認しておくことはとても大切だよ！

## マンダラチャートを使って頭の中を整理してみよう！

 POINT

> マンダラチャートとは3×3の9マスの枠で構成されるフレームワーク！
> アイデアの整理や拡大などを図り、思考を深めることができるよ！
> 中心から関連するアイデアを自由に広げてみよう！

| きれい | 伝わる | 落ち着き | あそび | 体験 | 学ぶ | お笑い | 等身大 | 可能性 |
|---|---|---|---|---|---|---|---|---|
| 正直 | 心 | おだやか | リラックス | 時間 | みがく | 自然 | すき | 自由 |
| 休まる | 踊る | ワクワク | 1人 | 共有 | コントロール | 笑顔 | 体験 | シンプル |
| 続く | 子供 | 夫 | 心 | 時間 | すき | うそ | 上から目線 | ムシ |
| 信頼 | 関係 | 良好 | 関係 | 大切 | きらい | 自慢 | きらい | ムリ |
| 尊重 | 出会い | 友達 | 自信 | 余裕 | 言葉 | 寝不足 | ダメ | キラキラ |
| 笑顔 | 内側 | 外側 | 表現 | 心 | 時間 | るんるん | 大丈夫 | リラックス |
| 自然 | 自信 | 本 | 表情 | 余裕 | 体力 | ありがとう | 言葉 | 大好き |
| すきなこと | 言葉遣い | ありのまま | 期限 | 空間 | お金 | 素敵 | らしい | やってみよう |

## 最も大切にすることを3つピックアップ！言葉にして表してみよう！

**1** たくさんの体験を通して自然な笑顔が溢れる

**2** 信頼できる人達に囲まれ、素敵な人たちとの出会いに恵まれる

**3** 内側からの自信が表情に出る。笑顔がとっても素敵

わたしの大切な軸って何だろう？
あまり考え込まず思いついたことを
広げていく感覚でいいんだね！

## マンダラチャートを使ってあなたの軸を書き出してみよう！

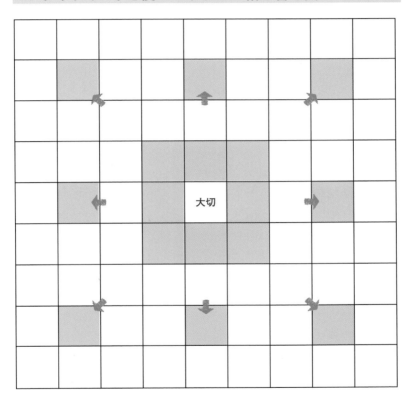

大切

### 最も大切にすることを3つピックアップ！言葉にして表してみよう！

1

2

3

# 好きなモノ・コト・場所・人は？

## What is your favorite thing?

好きなモノ・コト・場所・人を書き出してみよう！
書き出したら、『どの部分が？ なぜ好きなんだろう？』と深堀りしてみよう！

※『好きな場所』を深堀りした具体的な例と気づき

## 実際に書いてみよう！

### Q2 好きな物・コト・場所は？

例） 図書館・観葉植物・シール集め・インテリアショップ・話題の新商品チェックなど

### なぜ？ 理由や共通点を深堀りしてみよう！

例） 自分の知らない世界が広がっている・成長過程をみるのが楽しいなど

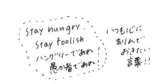

※『好きな人』を深堀りした具体的な例と気づき

イノベーションへの
情熱が伝わってくるから。
ユーモアがあるから。
細部にこだわるから。

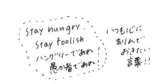

**実際に書いてみよう！**

**Q2　好きな人は？**

例）　スティーブジョブズ・歌手の○○さん・作家の○○さん・親戚のお姉ちゃんなど

**なぜ？　理由や共通点を深堀りしてみよう！**

例）　ユーモアがある・服のセンスが良い・いつも笑顔など

好きの中に隠れた
本当のスキを探してみよう！
色んな角度から『なぜ？』と
質問してみてね！

# 苦手なモノ・コト・場所・人は？

*What are your dislikes?*

考えることをついつい避けてしまいがちな『苦手分野』
『こうしたらイイのかも！』と発見につながることもあるよ！
ゆっくり考えてみよう！

※『苦手な場所』を深掘りした具体的な例と気づき

**実際に書いてみよう！**

**Q3** 苦手なモノ・コト・場所は？

　　　例）　満員電車・人前に出ること・家計管理・遊園地など

## なぜ？ 理由や共通点を深掘りしてみよう！

　　　例）　知らない人と密着するのが嫌。家計簿が続かないから。など

※『苦手な人』を深掘りした具体例と気づき

**実際に書いてみよう！**

 **苦手な人は？**

例）　お父さん・SNSでキラキラしている人・芸能人の○○さんなど

**なぜ？　理由や共通点を深堀りしてみよう！**

例）　一緒にいると疲れる・人の話を聞かない・嘘をつく・ネガティブなど

苦手なことに向き合うのって
とっても大変だよね！
誰にでもニガテはあるよ！
気軽に書き出してみよう！

# 調べたり勉強が苦にならないコトは?

## What is your interest?

ちょっとした興味・キッカケが『人生の喜び』につながることがあるよ!
自分の内側・外側にアンテナをはって小さい興味を書き出してみよう!

※ 『調べたいコト』を深掘りした具体的な例と気づき

**実際に書いてみよう!**

## Q4 調べたいコトは?

例) お料理のレシピ・日本の歴史・ガーデニングなど

### なぜ? 理由や共通点を深掘りしてみよう!

例) お弁当づくりが上手になりたい。日本の成り立ちが気になるなど

※『勉強が苦にならないコト』を深掘りした具体例と気づき

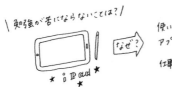

使いこなしたいから。
アプリ活用が
とっても楽しい。
仕事でも使えるから。

ロゴとか
つくってみたいな〜♡

 実際に書いてみよう！

Q4 勉強が苦にならないコトは？

例）　iPad・英語・メイク・webデザイン・動画編集など

なぜ？ 理由や共通点を深堀りしてみよう！

例）　仕事でも使える。字幕で映画を見る習慣がある。など

何かに興味をもつと
世界がどんどん広がるよね！
限りある人生の中で
あなたは何に時間を使いたい？

# よくお金を使うモノ・コト・場所は？

QUESTION 05

## What do you often spend your money on?

お金の使い方は人それぞれ！どんなものに価値を感じているのか？
また感じていないのか？ 細かく書き出してみよう！

※『よくお金を使うモノ』を深掘りした具体的な例と気づき

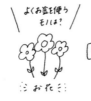

**実際に書いてみよう！**

## Q5 よくお金を使うモノ・コトは？

例） お花・インテリア雑貨・電化製品・定額サービスなど

### なぜ？ 理由や共通点を深掘りしてみよう！

例） ドライフラワーづくりにハマっている。コレクション好き。など

※『よくお金を使う場所』を深掘りした具体例と気づき

   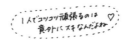

実際に書いてみよう！

Q5 よくお金を使う場所は？

例） ジム・オンラインサロン・○○の駐車場・ショップ○○など

なぜ？ 理由や共通点を深堀りしてみよう！

例） ポッコリお腹を引き締めたいから。自己成長したいから。など

消費・投資・浪費
どの項目に当てはまるかな？
お金の使い方の中に
あなたの価値が隠れているかも！

## QUESTION 06 よく時間を使うモノ・コト・場所は？

What do you spend most of your time on?

時間の過ごし方を考えることは、
あなたの生き方そのものを考えるということ！
時間の使い方を見直すためにもしっかりと書き出していこう！

※『よく時間を使うコト』を深掘りした具体的な例と気づき

### 実際に書いてみよう！

**Q6　よく時間を使うモノ・コトは？**

例）　メイク・ゲーム・映画鑑賞・お掃除など

**なぜ？ 理由や共通点を深掘りしてみよう！**

例）　可愛くなりたいから。ダメと思ってもやめられない。など

※『よく時間を使う場所』を深掘りした具体例と気づき

  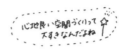

よく時間を使う
場所は？

Bed room

なぜ？

リラックスできる！
寝る前に読書
するから。
寝具を新調したから。

心地良い空間づくりって
大すきなんだよね♡

実際に書いてみよう！

:Q6: **よく時間を使う場所は？**

例）　ベッドの上・ソファーの上・図書館・学校・オンラインショップなど

**なぜ？　理由や共通点を深堀りしてみよう！**

例）　リラックスできる。読書する定位置になっている。など

誰にとっても1日は24時間！
目に見えない『時間』、
あなたは上手に使えているかな？

# 本当は手放したいモノ・コトは?

What do you want to let go of?

人間は執着するものが、
少なければ少ないほど、楽に生きることができるよね!
執着を手放すために、執着の本当の姿を深掘りしていこう!

※『本当は手放したいコト』を深掘りした具体的な例と気づき

 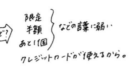 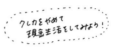

## 実際に書いてみよう!

:Q7: 本当は手放したいモノ・コトは?

例) 衝動買い・夜更かし・上辺だけの人間関係・過去のできごとなど

なぜ? 理由や共通点を深掘りしてみよう!

例) 限定などの言葉に弱い。つい海外ドラマをみてしまう。断れない。など

※『違う角度から手放す方法』を深掘りした具体的な例と気づき

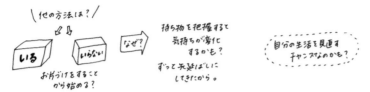

\他の方法は?/

いる　いらない　なぜ?

お片づけをすること
から始める?

持ち物を把握すると
気持ちが変化
するかも?
ずっと先延ばしに
してきたから。

自分の生活を見直す
チャンスなのかも?

## 実際に書いてみよう!

### Q7　どうすれば手放せると思う?

例)　クレジットカードをやめる。新しい恋をするなど

### さらに! 違う角度から手放す方法を考えてみよう!

例)　片付けをして持ち物を把握する。行動する時間を変えてみる。など

手放すことで
見える景色があるかも!
想像力を働かせて
考えてみよう!

# 本当は手に入れたいモノ・コトは？

## What do you want to get?

普段の生活の中で遠慮しすぎていることはないかな？
知らず知らずの内に自分の心にフタをしていることをゆっくり考えてみよう！

※『本当は手に入れたいコト』を深掘りした具体的な例と気づき

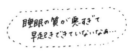

## 実際に書いてみよう！

### Q8 本当は手に入れたいモノ・コトは？

例） 自由に使える時間・心地よい空間・影響力など

### なぜ？ 理由や共通点を深掘りしてみよう！

例） 仕事ばかりで疲れているから。汚部屋だから。有名になりたいなど

※『違う角度から手に入れる方法』を深掘りした具体的な例と気づき

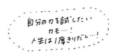

**実際に書いてみよう!**

 **Q8** どうすれば手に入ると思う?

例） 早寝早起きをする。必要最低限の持ち物にする。発信をする。など

## さらに! 違う角度から手放す方法を考えてみよう!

例） 転職について考える。プロにお願いする。同じコミュニティーに入るなど

遠慮というのは
まわりに対する「思いやり」の
ひとつの形だけれど
もっと自由になっていいと思う!

# 未来の自分を
# まとめてみよう！

My future

これまでのワークを見返しながら1年後の自分の姿を想像してみよう！
イメージするだけでドーパミンという「快楽のホルモン」が分泌されるよ！

## 1年後の外面

☐ **01** **髪型・メイク・お肌の状態は？**

（P36-39を参考に書いてみよう！）　例） ハイライトカラー×ショートヘア・
　　　　　　　　　　　　　　　　　　ナチュラルメイク・シミがなくツヤツヤお肌など

☐ **02** **どんな体型？**

（P36-39を参考に書いてみよう！）　例） 体重45キロ・バストとヒップがキュッと上がっている・
　　　　　　　　　　　　　　　　　　足は細いけど程よい筋肉があるなど

☐ **03** **どんなファッション？**

（P36-39を参考に書いてみよう！）　例） シンプルコーデ・白シャツ・ジーンズ・パールピアスがよく似合うなど

☐ **04** **どんな表情？**

（P36-39を参考に書いてみよう！）　例） いつもニコニコ笑っている・口角が上がっているなど

☐ **05** **どこに住んでいる？**

（P42-43を参考に書いてみよう！）　例） 職場の近く・○○区・○○マンションなど

## 1年後の内面

☐ **06** **どんな日常を送っている？**

P34-35を参考に書いてみよう！  例） 時間に縛られない働き方・大きなプロジェクトを進めているなど

☐ **07** **よく時間を使うことは？**

P44-45を参考に書いてみよう！  例） 読書・庭のお手入れ・ジム・ウェブショップづくりなど

☐ **08** **よく使う言葉は？**

P46-49を参考に書いてみよう！  例） まずやってみよう！ なるほど！ ありがとう！ 幸せすぎる！ など

☐ **09** **どんな夢を叶えた？**

P46-49を参考に書いてみよう！  例） 体型づくり（50キロから45キロになった）など

☐ **10** **次に叶えたい夢は？**

P46-49を参考に書いてみよう！  例） ウェブショップで自分が作った商品を売る→人気ショップになる。など

> イメージするだけで
> 『これを現実にしてしまおう！』
> と脳が勝手に判断してくれるよ！
> やる気や意欲もぐんぐんup！

# うっすら下書きをしよう！

## Let's draft

頭の中の情報を整理する為に、必ず下書きをしよう！
下書き8割・本番2割！ というほど大切なところだよ！

## まずはフォーマットを描こう！

　シンデレラノートをつくる前に大切なこと、それは『下書き』の工程です！ 下書きをすることで、時間を短縮できたり、仕上がりのクオリティを高めることができます。

　画像や文章・イラストなど、予めどんな所に配置するのか？ まずはフォーマットを決める所からスタートしましょう！ ただ、シンデレラノートのフォーマットに決まりはないので、どうしたらいいのか迷ってしまうこともありますよね！ そんな時はP54〜59までの下書きのサンプル例を参考に、同じようにつくってみてください！ 同じようにつくっていく中で「自分だったらもっとこうしたいな」「この項目は変更しよう！」など、自分スタイルが自然に出てきます。イラストが苦手な場合は画像を多めに使ったり、文字が苦手な場合はテンプレートを使ったりと、自分なりに工夫しながら楽しく下書きしてみましょう！

　そして、自分と向き合うワークで導き出した『理想の自分・理想の世界』を、ノートにつめこみながらあなただけのシンデレラノートを作ってみてください！

## 下書きのポイントとは？

　下書きの段階で特に大切なポイントは『アファメーション』です。

　あなたはアファメーションという言葉を聞いたことがありますか？ アファメーションとは、簡単に言うと、言葉によって『思い込み』をつくっていく事です！

　ポジティブで自己肯定感のある言葉を、自分自身に語りかけることで、現実を望む方向へ展開してくというメソッドは、アスリートや世界の成功者たちも実践しています！

## イメージ・言葉・臨場感がキーワード！

　あなたが設定したビジョンから見える景色や世界をアファメーションで表現してみましょう！ この時、アファメーションは必ず1人称で考えます！ 例えば、個人の場合は「私」、チームの場合は「私たち」という具合です。そして、アファメーションの言葉から夢を叶えた自分自信の姿が浮き出してくるくらいの『リアル感』を出すために、すでにゴールに辿り着いているという設定で言葉を選びます。例えば、夢が叶った後に書いた日記のように「完了形」「現在進行形」を使うと効果的！ 手の感触や香り、心の動きまで細描く書き出せれば最高です！

## アファメーション3つのコツをご紹介！

アファメーションで大切な3つのコツ・考え方を図解にしてみたよ！
おすすめの例文も参考に、あなたらしい言葉を選んで言葉をつくっていこう！

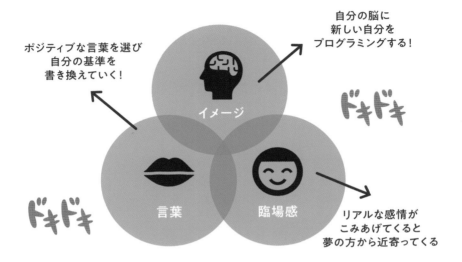

ポジティブな言葉を選び
自分の基準を
書き換えていく！

自分の脳に
新しい自分を
プログラミングする！

ドキドキ

ドキドキ

イメージ

言葉　臨場感

リアルな感情が
こみあげてくると
夢の方から近寄ってくる

### アファメーションのおすすめ例文

全て実現しました！　ありがとう！
全て幸いの種となって、私に強運が舞い込み続けています！
夢は、すんなりと実現しています！
私は、常に自然体で愛されています！
私は、毎日イキイキと過ごしています！
私は、好きなことで十分な収入を得ています！
我が家は、家族全員で感動や楽しさを味わっています！

今『何もない状態』でも、
自分の基準は
どんどん書き換えられるよ！

# ビジョンマップを作る為に
# まずは下書きをしよう！

### Vision Map

まっさらなノートを8分割にして1年後の自分を表現しよう！
どこにどんな文章を書くか、ざっくりと把握できればGOOD！

## 1 私らしさをつくる 8つのバランス

自分を取り巻くものを8分割にしてみよう！環境に合わせて項目を変えてみるとイイかも！今回の例はこの8つ！

❶ 仕事 ❺ 美容
❷ 学び ❻ 健康
❸ お金 ❼ 暮らし
❹ 人間関係 ❽ 楽しみ

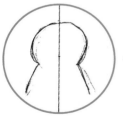

## 2 中心は1年後の自分像

1年後の自分像を中心においてみよう！下書きの段階ではボヤッとしていてもOK！雑誌の切り抜きや写真・シールなどはれるスペースを確保しておくとGOOD！

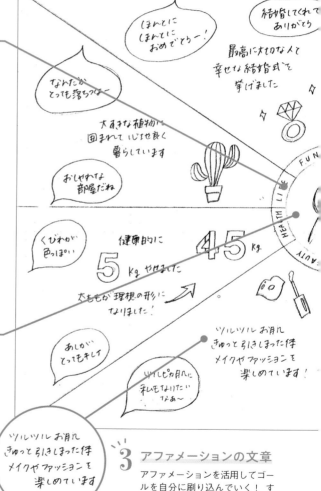

## 3 アファメーションの文章

アファメーションを活用してゴールを自分に刷り込んでいく！すでに夢が叶ったという状態で言葉を書き込んでいくイメージ！

# 1年間の理想のストーリーを下書きしよう！

## Vision Map

ビジョンページで決めたゴールに向かう1年間の理想のストーリーを縦軸で管理しよう！
全てに矛盾がないか確認していくよ！

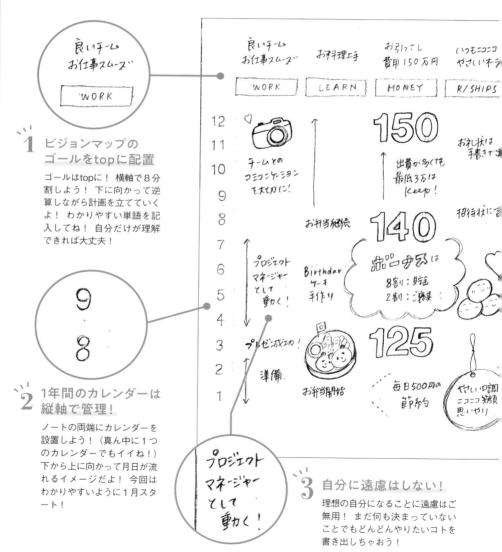

**1 ビジョンマップの
ゴールをtopに配置**

ゴールはtopに！ 横軸で8分
割しよう！ 下に向かって逆
算しながら計画を立てていく
よ！ わかりやすい単語を記
入してね！ 自分だけが理解
できれば大丈夫！

**2 1年間のカレンダーは
縦軸で管理！**

ノートの両端にカレンダーを
設置しよう！（真ん中に1つ
のカレンダーでもイイね！）
下から上に向かって月日が流
れるイメージだよ！ 今回は
わかりやすいように1月スタ
ート！

**3 自分に遠慮はしない！**

理想の自分になることに遠慮はご
無用！ まだ何も決まっていない
ことでもどんどんやりたいコトを
書き出しちゃおう！

45kg
(−5kg)
HEALTH

### 4 優先順位を明確に！

優先順位が明確になっている人は、決断に迷いがなく、上手くいく傾向に！ 計画が崩れた時にも柔軟に対応できるよ！

### 5 すき間ができても問題なし！

ちょっとしたすき間ができたらイラスト・シール・マステ・スタンプ等で後からわくわくをプラスしよう！（下書きの段階ではなくてもok！）

### 6 全体に矛盾がないかチェックしよう！

縦軸と横軸の矛盾点がないか必ずチェックしよう！ 下から、上から、横から、いろんな角度から確認するとgood！

> 想像力は未来を切り開く力！
> できるかできないかはムシしよう！
> 方法や手段はあとから考えるよ！

# 現在地→未来の変化を
# 下書きしよう！

## Drafting the future from the present

結局1年後はどうなっているの？　パッと見てわかる自分の変化を書き記そう！
大きな変化を比較するページをつくるよ！

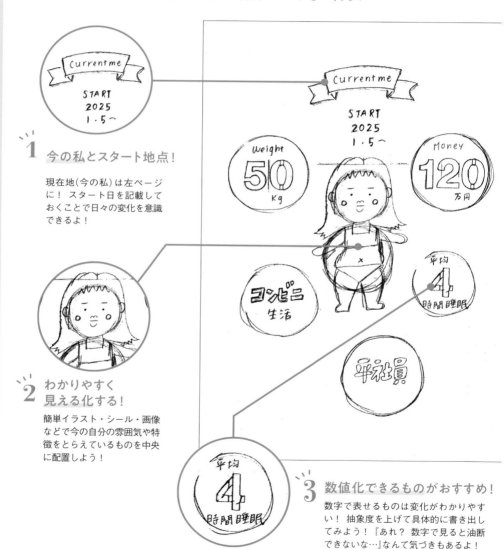

### 1 今の私とスタート地点！

現在地（今の私）は左ページ
に！　スタート日を記載して
おくことで日々の変化を意識
できるよ！

### 2 わかりやすく
### 見える化する！

簡単イラスト・シール・画像
などで今の自分の雰囲気や特
徴をとらえているものを中央
に配置しよう！

### 3 数値化できるものがおすすめ！

数字で表せるものは変化がわかりやす
い！　抽象度を上げて具体的に書き出し
てみよう！『あれ？　数字で見ると油断
できないな…』なんて気づきもあるよ！

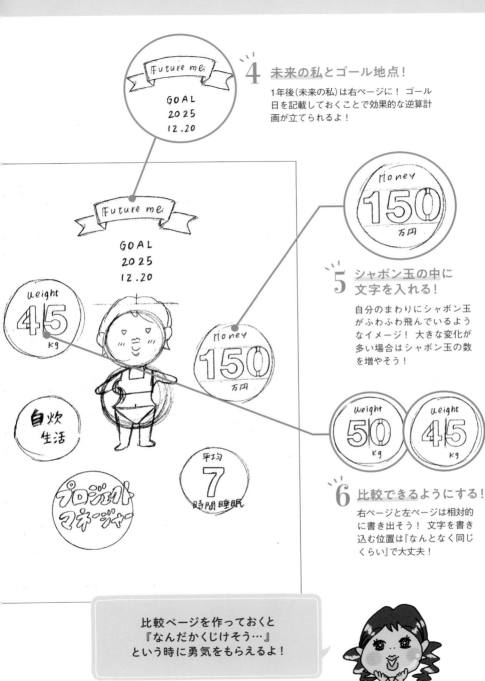

**4 未来の私とゴール地点！**

1年後（未来の私）は右ページに！ ゴール日を記載しておくことで効果的な逆算計画が立てられるよ！

**5 シャボン玉の中に文字を入れる！**

自分のまわりにシャボン玉がふわふわ飛んでいるようなイメージ！ 大きな変化が多い場合はシャボン玉の数を増やそう！

**6 比較できるようにする！**

右ページと左ページは相対的に書き出そう！ 文字を書き込む位置は『なんとなく同じくらい』で大丈夫！

比較ページを作っておくと
『なんだかくじけそう…』
という時に勇気をもらえるよ！

# PART 03 イラスト・画像の準備をしよう!
## Prepare illustrations and images

かわいいイラストやリアルな画像を準備して、自分の世界をつくっていこう!
色や雰囲気にもこだわりをもって!

## 画像を準備する時のコツ!

　自分の世界を表現するためのツールとして、イラストや画像などがあります。ここでは色彩が与える印象をおさえてイラストや画像を準備しましょう!

　私たちの世界は、たくさんの色に囲まれていますが、1つ1つになぜその色が使われているか考えたことはあるでしょうか? 色は私たちが思っている以上に、人間の心の動きにおおきな影響を与えています。いつもは無意識に色に誘導されていますが、シンデレラノートをつくる際は、色の作用を少しだけ理解して取り入れてみましょう!

　例えば、赤は『情熱や活発さ』、青は『信頼や清潔さ』、オレンジは、『温かみやにぎやかさ』、黄色は『明るさや楽しさ』、緑は『生命力やおだやかさ』、紫は『神秘やエキゾチック』、白は『純粋さや平和』、黒は『上質さやクール』といったイメージです!

　どんな自分になりたいかを考える際に、どんな色に囲まれたいかを一緒に考えるのはとても面白いですよね!

## 画像とあわせて使いたいモノ

　イラストや画像だけでも十分ですが、余裕があれば『文具』にも注目してみましょう! 文具1つ1つには、つくった人の素晴らしいアイデアや工夫が詰まっています。自分では表現できないイメージも、文具を使うことで表現できることがたくさんあるのです!

　一般的に文字を書く黒ペンはもちろん、カラーペン、キラキラペン、筆ペンなどのペン類、マスキングテープ、シール、ふせんなどは日々改良されて進化をしています! そんなこだわりの文具1つ1つは「書く」「記録する」「考える」「発見する」「楽しむ」ということに深く関わっていると言えるでしょう!

　文具は、お値段的にも気軽に試せるものなので、自分にあったアイテムを探してみるのも良いですね!

　「使うだけで気分が上がる!」「見るだけで心が踊る!」という文具に出会ったら、ぜひシンデレラノートに取り入れてみましょう!

# 3つのおすすめをご紹介！

あなたの世界をつくるおすすめサイトやアイテムを3つご紹介するよ！
自分の好きな色合いやイメージはきっと見つけられるはず！

**おすすめ1** 画像ダウンロードサイト！

おしゃれで可愛い画像は画像ダウンロードサイトを活用してみよう！
無料で使えるものも多くノートが間違いなくセンスUPするよ！

`/ Site /`

O-DAN（オーダン）
https://o-dan.net/ja/

`\ Items /`

KITTA
ちいさく持てる
マスキングテープなど

**おすすめ2**

マステやシール！

イラストが苦手でも簡単に
ノートが華やかになるアイテム！ 1つ1つ切り離せるタイプのものや、背景として使えるものなど種類も豊富で楽しいよ！

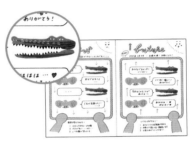

`\ Items /`

呉竹
ZIG クリーンカラードット
メタリックシルバーなど

**おすすめ3**

キラキラペン！

簡単なイラストも、キラキラペンを活用すればゴージャスな雰囲気に早変わりっ！ 太めで存在感のあるものがおすすめ！

画像を選んだり
文房具を選んだりする
プロセスも楽しんでっ！

# 本番ノートをつくろう！

## Make notes

## PART 04

下書きや画像・イラストなどの準備が整ったら、
お気に入りのノートに清書しよう！いろんなアレンジを楽しんで！

## カテゴリー別シンデレラノート作例

様々なシチュエーションのシンデレラノートを8種類ご紹介します！
「これは使えるカモ！」というものは、すぐに取り入れてみましょう！

### アレンジ1　マインドマップ風

『仕事』の優先順位が高い場合のシンデレラノート！
色味をおさえつつ可愛さを取り入れたシンプルで大人っぽいデザイン！

### アレンジ2　脳内マップ風

『学び』の優先順位が高い場合のシンデレラノート！
ふせんを活用し、脳内をそのままノートにうつしたような独創的なデザイン！

### アレンジ3　貯金箱風

『お金』の優先順位が高い場合のシンデレラノート！
ぬりえ風にするなど、日々の楽しみが取り入れられた可愛らしいデザイン！

### アレンジ4　ビンゴ風

『人間関係』の優先順位が高い場合のシンデレラノート！
シンプルシックな雰囲気の中にやさしいカラーを取り入れたデザイン！

### アレンジ5　雑誌コラージュ風

『美容』の優先順位が高い場合のシンデレラノート！
画像をたっぷり使ってモチベーションをUPするオシャレなデザイン！

### アレンジ6　ゲーム風

『健康』の優先順位が高い場合のシンデレラノート！
テンプレートなどを活用し、人生をTVゲームに例えたコミカルで元気なデザイン！

### アレンジ7　チャット風

『暮らし』の優先順位が高い場合のシンデレラノート！
人気のマステシールを活用し、リアルな生活の一部分を切り取った楽しいデザイン！

### アレンジ8　すごろく風

『楽しみ』の優先順位が高い場合のシンデレラノート！
いろんな文具・カラーを取り入れたカラフルPOPな雰囲気のデザイン！

# カテゴリー別シンデレラノート一覧

カテゴリー別シンデレラノートの一覧表だよ！
それぞれの詳しいポイント解説は記載ページにジャンプして確認してね！

アレンジ1

ポイント解説はP64へ

アレンジ2

ポイント解説はP66へ

アレンジ3

ポイント解説はP68へ

アレンジ4

ポイント解説はP70へ

アレンジ5

ポイント解説はP72へ

アレンジ6
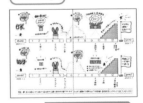
ポイント解説はP74へ

アレンジ7

ポイント解説はP76へ

アレンジ8

ポイント解説はP78へ

固定観念にとらわれず
自由に楽しく作ってみよう！

# マインドマップ風
## Mind Map

独立して、個性を伸ばしながら自宅で仕事がしたい！
という女性のシンプルなシンデレラノート！ ポイントを解説！

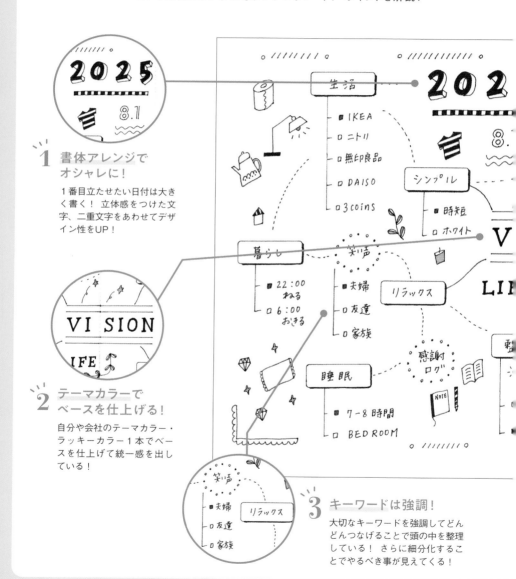

**1 書体アレンジでオシャレに！**

1番目立たせたい日付は大きく書く！ 立体感をつけた文字、二重文字をあわせてデザイン性をUP！

**2 テーマカラーでベースを仕上げる！**

自分や会社のテーマカラー・ラッキーカラー1本でベースを仕上げて統一感を出している！

**3 キーワードは強調！**

大切なキーワードを強調してどんどんつなげることで頭の中を整理している！ さらに細分化することでやるべき事が見えてくる！

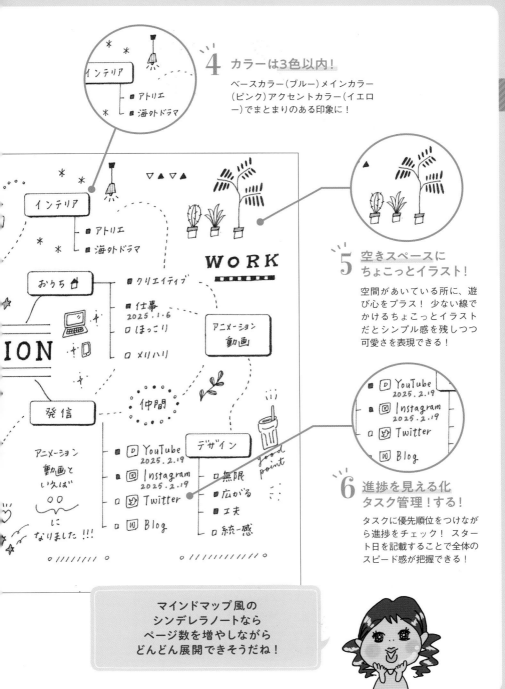

**4　カラーは3色以内！**

ベースカラー（ブルー）メインカラー（ピンク）アクセントカラー（イエロー）でまとまりのある印象に！

**5　空きスペースにちょこっとイラスト！**

空間があいている所に、遊び心をプラス！ 少ない線でかけるちょこっとイラストだとシンプル感を残しつつ可愛さを表現できる！

**6　進捗を見える化タスク管理！する！**

タスクに優先順位をつけながら進捗をチェック！ スタート日を記載することで全体のスピード感が把握できる！

> マインドマップ風の
> シンデレラノートなら
> ページ数を増やしながら
> どんどん展開できそうだね！

# 脳内マップ風
## Brain Map

英語力を磨きたい！　TOEIC990点の実力をつけたい！
という女性の独創的なシンデレラノート！ ポイントを解説！

**1** 優先順位1位を
大きく記載！

何に集中すべきか、いつでも
わかる状態に！ 生活の中で
いろんな誘惑が襲ってきても
常に起動修正できる！

**2** ご褒美を
設定しておく！

目的達成したあとのご褒美
を設定することで日々の小
さな努力を重ねることがで
きる！

**3** 印象に残るノートづくり！

黒いふせんとシルバーペンで見栄
えをワンランクUP！ 白ペンを使
って、黒と白のコントラストを楽
しんでも面白い！

## 4 1番克服したいことを クリアに!

『朝型になる』『睡眠のリズムを改善する』などつい先延ばしにしそうなことを言葉でしっかり表現する! クリアした先に明るい未来があることを見える化している!

## 5 自分のテーマを つくって楽しむ!

『宇宙』というテーマで脳内が広がっているようなイメージに! シルバーペンで宇宙のキラキラ感を出している! 開くたびにわくわくするアイデアがとても楽しい!

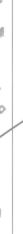

## 6 指針となる言葉を 書きだす!

心が疲れた時、迷ったときに見返すと元気や勇気をもらえる言葉をピックアップ! 心に響く偉人の名言や尊敬する人の言葉が効果的!

英語
There is always
a better way.

日本語訳
より良い方法は、
常に存在している。
(by:トーマス・エジソン)

> モノトーン調でも
> ふせんやメモ帳・ペンを
> 工夫するだけで
> 楽しい雰囲気に早変わり!

# 貯金箱風
## Piggy Bank

100万円を貯めたい！　楽しく節約や貯金をしたい！
という女性の可愛いシンデレラノート！ポイントを解説！

**1** 風船文字で
POPな印象に！

太めのペンでふち取った後、
文字の中に細めのペンで光を
プラス！ ぷくぷく感がでて
とっても可愛い雰囲気に！

**2** 3大目標を
ピックアップ！

人生の満足度・幸福度があ
がる目標を目立たせること
で、モチベーションをUPさ
せている！ はっきりした目
標で具体的な努力ができ
る！

**3** マステで明るさをプラス！

お気に入りのマステを全体的に貼
って鮮やかになるよう工夫！ 細
いタイプのマステだと主張しすぎ
ないのでカスタマイズしやすい！

### 4 耐水性のペンを使用！

水に強い耐水性のペンを使うことで
ラインマーカーを上から引いてもに
じまない。水分の多いペンやマーカ
ーで色付けしたい時の強い味方！

### 5 ぬり絵風で 楽しく管理！

月ごとの予定や目標を達成
したら色を塗るという設定
で達成感を味わう！ 小さい
成功体験を積み重ねること
で自信もどんどんUP！

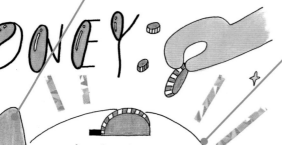

GOAL) 12月：ボーナス 30万貯金

○ 8月：業務用スーパー活用！

○ 6月：ボーナス 25万貯金

○ 5月：1級合格しました♪

○ 4月： 毎月4万先取り継続

○ 2月：SNS 節約の発信！

START ) 1月：固定費見直し

1,000,000 YEN

### 6 SNSと連動して 意識を高める！

節約上手になるためには、お
得な情報を取り入れる工夫も
大切。情報収集と情報発信を
同時に行い意識を高めながら
気を引き締める施策も！

> お金は数字で表せるから
> 具体的な行動に移しやすいよね！
> 楽しく継続できればあっという間に
> 夢が叶うはず！

# ビンゴ風

### Bingo

自分自身や周りの人と良好な人間関係を築きたい！
という女性のシンプルで大人っぽいシンデレラノート！ ポイントを解説！

**1** 『今』と『未来』を
左右対称

3×3の9マスをつくり今と未来を比較している！ 行動や言葉の比較をすることで自分自身を客観的に見ることができる。

どうしよう…

コツ：SNS
から離れてみる！

めんどくさい

コツ：嫌なコト
を断る勇気をもつ！

めんどくさい

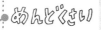

コツ：嫌なコト
を断る勇気をもつ！

後で…

別に…

**2** 現状と打開策を
書き出す！

つい言葉にしてしまう口ぐせをリセットしたい！ 学んだコツやポイントはふせんを利用して情報をアップデート！

現状 ： いつも無気力。自分にも他人にも興味がない。

現状 ： いつも無気力。

**3** 今の自分はどんな自分なのか？

一言で現状を書き出している。『なぜそうなのか？』を探せるヒントになり日々の意識改善にとても役立つ！

**4** モダンカリグラフィーで
大人っぽく！

文字の中をあえて塗りつぶさず繊細
で大人っぽい印象に！ 0.3ミリ以下
の細めのペンがおすすめ！

**5** ふんわり発色する
ペンで背景づくり！

色鉛筆やクーピーなどふん
わり発色するペンで背景を
つくると全体がやさしい雰
囲気に！ ○△□など単純な
形がGOOD！

気づき：自分から
心を開くと話
がとても楽しい！

**6** 実践したことや
気づきを書き出す！

意識的に行動したことや、行
動して気づいたことは細かく
メモ！ 自分の成長や変化を
書き出すと自分で自分を認め
られるようになる！

もっと書き出す項目を増やしたい！
そんな時はマスの数を増やして
パズルのようにしてもイイよね！

# 雑誌コラージュ風
## Collage

理想の体を手に入れて、内側からも外側からも輝きたい！
という女性のおしゃれで可愛いシンデレラノート！　ポイントを解説！

**1** 人生のテーマを
大きく書きだす！

『love myself』自分自身を愛
している！ 堂々と胸を張っ
て言える人生を送りたい！
テーマを決めた瞬間に、その
未来は誕生する。

**2** コラージュ風の
囲みを追加！

画像の周りに少し太めのペ
ンで点線を描くと、雑誌コ
ラージュ風のできあがり！
実際に雑誌を切り貼りして
コラージュしてもGOOD！

**3** 小物の画像でオシャレ度UP！

メインの画像を引き立たせる小物の画像！
身に着けるものなどを小さく切り取り、メ
イン画像のまわりに散らばるように配置す
るとグッとオシャレに！

## 4 ルールやご褒美で 自分を律する！

負担なくできるような自分ルールをつくり継続力に磨きをかける！ 1カ月ごとのご褒美などゲーム化すると楽しい！

## 5 目標はとことん 見える化する！

どんな体型でどんな運動をしてどんなものを身に着けているのか？ その時の気分や感動、手の感触など細かく表現できると夢が現実になる！

## 6 期限を決めて 取り組む習慣づくり！

3ヵ月・半年・1年など必ず期限を決めて集中する！ 期限が切れたら再度新しく更新することで常にアップデートができる！

> おしゃれな雑誌やカタログには
> 夢がいっぱいつまっているね！
> 日頃からアンテナをはっておこう！

# ゲーム風

## Game

何度も挫折している健康な体づくり！ 自分を追い込みたい！
という女性の現実をゲームとして捉えたシンデレラノート！ ポイントを解説！

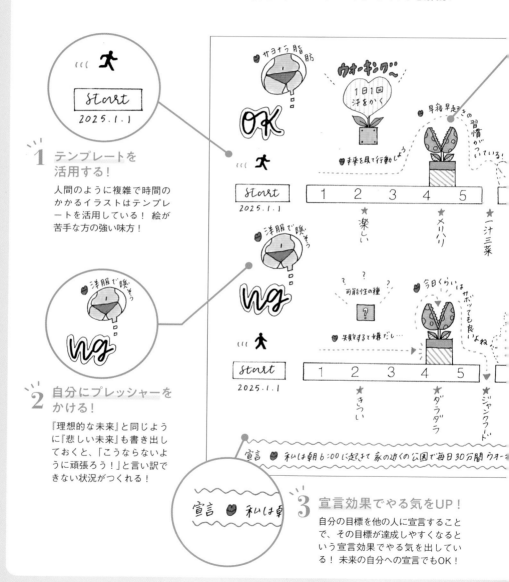

### 1 テンプレートを活用する！

人間のように複雑で時間のかかるイラストはテンプレートを活用している！ 絵が苦手な方の強い味方！

### 2 自分にプレッシャーをかける！

『理想的な未来』と同じように『悲しい未来』も書き出しておくと、「こうならないように頑張ろう！」と言い訳できない状況がつくれる！

### 3 宣言効果でやる気をUP！

自分の目標を他の人に宣言することで、その目標が達成しやすくなるという宣言効果でやる気を出している！ 未来の自分への宣言でもOK！

## 4 乗り越えられない壁はない！

壁にぶち当たった時の心構えを設定。「またか…！」と思うようなことが起きたら「よしきた！」という気持ちで向かっていく！

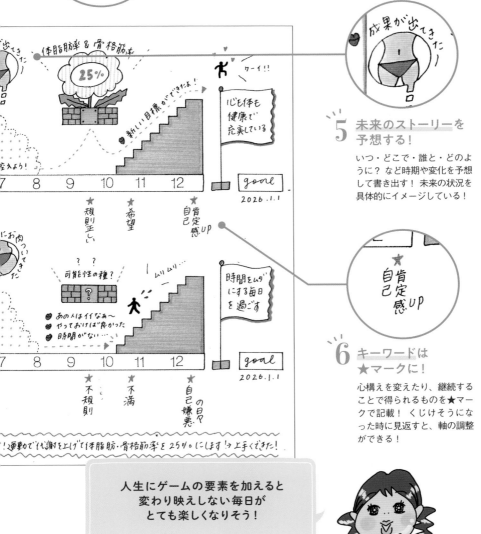

## 5 未来のストーリーを予想する！

いつ・どこで・誰と・どのように？ など時期や変化を予想して書き出す！ 未来の状況を具体的にイメージしている！

## 6 キーワードは★マークに！

心構えを変えたり、継続することで得られるものを★マークで記載！ くじけそうになった時に見返すと、軸の調整ができる！

人生にゲームの要素を加えると
変わり映えしない毎日が
とても楽しくなりそう！

# チャット風

## Chat

夫婦関係を改善して暮らしを楽しみたい！
という女性のインパクトのあるシンデレラノート！　ポイントを解説！

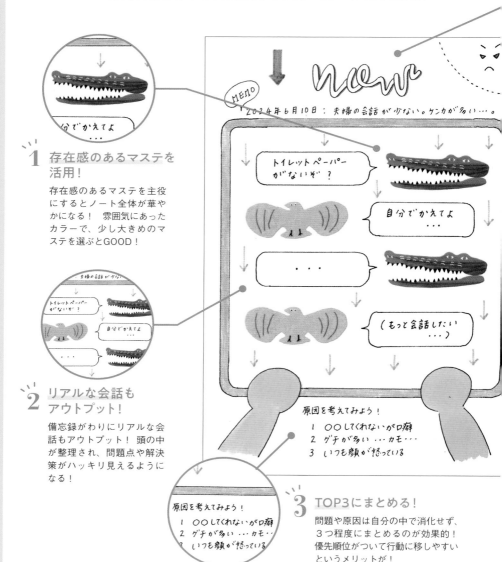

## 1 存在感のあるマステを活用！

存在感のあるマステを主役にするとノート全体が華やかになる！　雰囲気にあったカラーで、少し大きめのマステを選ぶとGOOD！

## 2 リアルな会話もアウトプット！

備忘録がわりにリアルな会話もアウトプット！　頭の中が整理され、問題点や解決策がハッキリ見えるようになる！

## 3 TOP3にまとめる！

問題や原因は自分の中で消化せず、3つ程度にまとめるのが効果的！　優先順位がついて行動に移しやすいというメリットが！

### 4 文字の影を変えてアレンジ！

影の色を変えるだけで『悲しさ』や『嬉しさ』が表現できる！ 筆ペンやマーカーなど、違った発色を楽しむのもアリ！

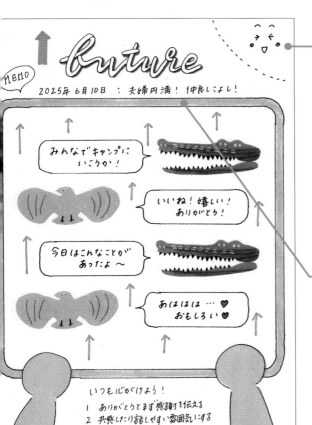

### 5 未来の表情を書き出す！

可視化することで「もっとこうした方がいいかも！」「こんな言葉づかいをしよう！」などアイデアが広がっていく！

### 6 暮らしを楽しむ為の糸口！

暮らしを楽しむ為には、まず夫婦問題の解決が最優先！表面的ではなく、根本的な解決をしたいという決意が込められている！

どんな時でも、他人ではなく自分が変わろうとすることが大切だよね！

# すごろく風
## Sugoroku

変化を楽しむ1年を送りたい！ やりたい事は全部やりたい！
という女性のカラフルpopなシンデレラノート！ ポイントを解説！

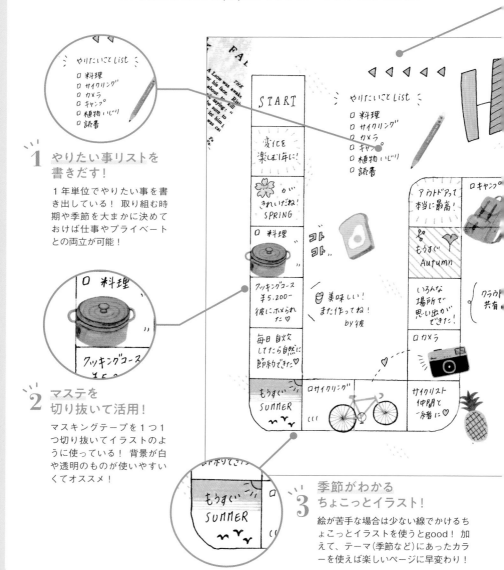

**1 やりたい事リストを書きだす！**

1年単位でやりたい事を書き出している！ 取り組む時期や季節を大まかに決めておけば仕事やプライベートとの両立が可能！

**2 マステを切り抜いて活用！**

マスキングテープを1つ1つ切り抜いてイラストのように使っている！ 背景が白や透明のものが使いやすくてオススメ！

**3 季節がわかるちょこっとイラスト！**

絵が苦手な場合は少ない線でかけるちょこっとイラストを使うとgood！ 加えて、テーマ（季節など）にあったカラーを使えば楽しいページに早変わり！

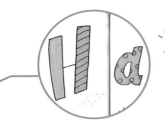

## 4 1文字ごとにアレンジを加える！

popで楽しい雰囲気にしたい場合は1文字ごとにアレンジを加えていくのがbest！ふち取りした書体に、ストライプやドットを加えるだけで華やかになる！

## 5 英字新聞でコラージュ！

ちょっとさみしい空間は英字新聞でコラージュするとオシャレ度up！ 100円ショップなどで手軽に手に入るマステ型や折り紙シートが使いやすい！

## 6 目標だけでなく感情もセットに！

目標達成した後の感情や気持ちも一緒に書き出すことでリアル感を出している！ 夢や目標達成のコツはどのような場合も『臨場感』が大切！

> 1歩進んで1回休むなど自分のリズムにあった進め方ができたらイイね！

# 行動からストーリーが始まる！

The story begins

『計画を立てるのは得意だけど、実行力に乏しい…』
というあなたに行動の素晴らしさをやさしく解説するよ！

## 未来は描くだけじゃダメ！絶対。

「やる気はあるのに、なぜか行動できないな…」ということはありませんか？ 目標設定をする時は、やる気で満ちていたのに時間の経過とともに情熱が減っていく…。そしていつもの日常に戻ってしまう。これは多くの人に当てはまる現象だと思います。

原因は、あなたがダメ人間だから？ なのでしょうか？ 答えは『いいえ』です。行動できないのは、いつもと違う行動をするのは危険かもしれないという本能がストップをかけているだけなのです！ 人間は現状に不満を抱えていたとしても『現状維持』が大好きな生き物だから！ 行動しない理由を先に考えてしまうのは仕方ないってことなんですね！ 傷つくこともないし、失敗しないし、ムダにお金も減らないし、行動しない選択をした時のメリットもたくさんあります。

でも、本当にこのままでいいのでしょうか？ 行動しなければ経験することも感じることもできず、夢は夢のままで終わってしまいます。シンデレラノートにいくら夢をつめこんでも、最初の1歩を踏み出さなければ何も始まらないのです。行動するという選択がストーリーを生み、あなただけの資産になっていきます。ぜひ、小さな行動でも『今すぐ』始めてみましょう！

## 自分から夢に歩み寄ろう！

行動する際に意識しておきたいことがあります。それは、『能動的になる』ということです！能動的というのは『自ら進んで行動しようとするさま』を指す言葉です。能動的に行動する為には、人の意見に左右されず、自分の意思をしっかり持つ必要があります。これはとても簡単なようで、実際は難しいことですよね！

例えば、「ハングリーであれ、愚か者であれ」という名言があまりにも有名な、アップル社元CEOのスティーブ・ジョブズを思い出してみてください。

人は大人になるにつれ、『世界はこういうものなんだよ』『これが常識なんだよ』と無意識に周りから説得されるようになりますが、スティーブ・ジョブズは他人が描いた人生の型には決してハマろうとはしませんでした。『他人からやらされた感』のある行動は一切せず、いつだって自分から行動し、自分の手で夢への扉を開き続けてきました！ もし彼が『待ちの姿勢』だったら、世界にイノベーションは起こせていたでしょうか？ 自分から能動的に夢に向かって歩くことは、あなたにだって必ずできます！ 日々、アンテナをはり目標を見失わずにゴールに向かって1歩1歩動いてみましょう！

## 行動からストーリーが始まる：図解

行動する？ しない？ たった1つの選択で、これからの未来が変わってくるよ！
小さい経験を積み重ねながら、あなただけの価値を見つけていこう！

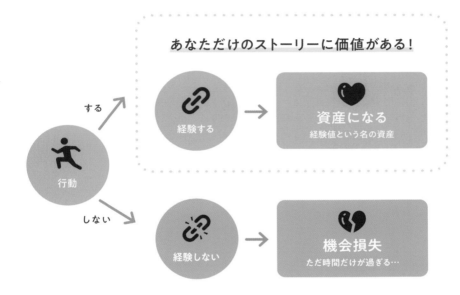

POINT

行動すると、失敗もするし成功もする！
たとえ失敗だらけだったとしても、行動する過程での
悩み・苦しみ・葛藤の中で多くの学びが得られれるんだ！
その経験値こそが最大の資産だよ！

あなただけのストーリー
作ってみたくなったかな？

# 全てを数字に落とし込む！

## To quantify

夢・期待・願望など、目に見えないものは数値化しよう！
具体的な数字にするとグッと未来を引き寄せられるよ！

## ふわふわした夢を現実にする

「痩せたい！」「お金持ちになりたい！」など、あなたも1度は考えたことがあるのではないでしょうか？　でも言うだけで実際に叶えることはできない…。このようにせっかく目標をたてても、内容が抽象的な場合は『判断基準』がないのでゴールにつながる道がみえずに行動につながっていきません。ふわふわした夢を現実に変えたい！　という場合は、どのような夢でも具体的に数字に変えていきましょう！　夢を数値化するメリットは以下の3つです！

**目標・計画が立てやすい！**
自分が今何をすればいいのかという目標や計画が立てやすいので、行動内容や行動量まで予め設定できます！

**進捗状況や達成度がわかりやすい！**
目標に対して何%達成できているのかを知ることができれば、課題も明確になり、軌道修正もしやすくなります！

**評価がしっかりできる！**
「なんとなく」という感覚ではなく、数字を元に評価できるので、問題の先送りやモチベーション低下につながりにくくなります。

## SMARTの法則

　実際、どのように考えていけばいいのか？　をご紹介しましょう！　SMARTの法則とは、簡単にいうと、目標の作り方の法則です。目標達成に必要な「Specific」「Measurable」「Achievable」「Realistic」「Time-bound」、5つの項目の頭文字を取った言葉で成り立っています。
　では、「キレイになりたい！」というふわふわした夢をSMARTの法則に当てはめるとどうなるでしょうか？　例えば、6月までに（期限）毎朝1日10分のストレッチと、会社と家の往復30分を早歩き運動に（具体的）して、体脂肪率を25％以下にする！（数字・達成可能・夢につながっている）という目標に置き換えることができます！　ただ「キレイになりたい！」という目標よりもリアルなイメージを描くことができますよね！　体脂肪率が25％以下になり、少し自信がついた自分の表情などもありありと感じとれるのではないでしょうか！　あなたの夢もSMARTの法則に当てはめて考えてみましょう！

### 目標達成に必要な5つの項目

- **S**pecific（表現は具体的か？）
- **M**easurable（数字になっているか？）
- **A**chievable（達成可能か？）
- **R**elevant（夢につながっているか？）
- **T**ime-bound（期限がついているか？）

## 全てを数字に落とし込む！：図解

数字に置き換えるのが難しそう…！ という夢や目標は、
見る角度を変えることで数字に落とし込むことができるよ！

### ふわふわした夢を具体的な目標にした例

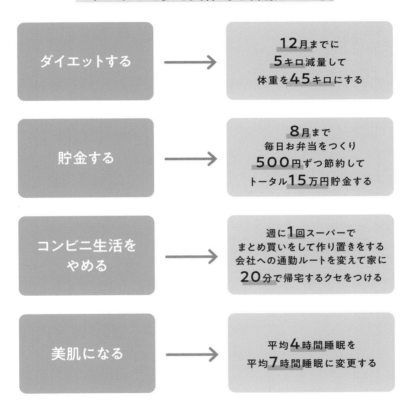

| | |
|---|---|
| ダイエットする | 12月までに<br>5キロ減量して<br>体重を45キロにする |
| 貯金する | 8月まで<br>毎日お弁当をつくり<br>500円ずつ節約して<br>トータル15万円貯金する |
| コンビニ生活を<br>やめる | 週に1回スーパーで<br>まとめ買いをして作り置きをする<br>会社への通勤ルートを変えて家に<br>20分で帰宅するクセをつける |
| 美肌になる | 平均4時間睡眠を<br>平均7時間睡眠に変更する |

数字で具体的に
『見える化』することで
自分の意識が変わるよね！

# 習慣づける！
## Make a habit

毎日の歯磨きのように日々の行動を習慣化していこう！
チリも積もれば山となる！ 何事も継続が大切だよね！

## 習慣化のメリットとは？

習慣化とは、『無意識に行動や思考を繰り返す状態になること』です。例えば代表的なのは、顔を洗ったり、靴をはいたり、服を着たり、歯磨きをするなど。これらの行動をする時、『やる気』は全く必要ありません。人間の脳は常に「この時はこうする！」といった『行動のパターン化』をしようとします。では、「よし！ 今日はやろうかな？ やらないでおこうかな？」と迷うことなく、ほぼ自動的に行動するのが当たり前の状態をつくると、どのような良いことがあるのでしょうか？ ３つのメリットを確認しましょう！

### メリット1  面倒なことも継続できる！

強い意思がなくても無意識で行動できるので、面倒に思えることも経験が武器となり、
労力を感じずに続けることができます。

### メリット2  目標達成しやすくなる！

どんなことでも継続すると成果がでます。特にスキルアップや健康維持など、
日々の積み重ねが必要な目標は習慣化することで達成しやすくなります。

### メリット3  自分に自信がつく！

人間は、行動したことが良い方向に向いたり、成果を出すことで自分に自信をつけることができます！
「これだけやってきたんだ！」という自負が、確固たる自信につながるからです。

## 悪い習慣は思い切って手放そう！

習慣化といっても、良い習慣もあれば悪い習慣もありますよね！ 良い習慣であれば、自分にとってプラスの循環が起こりますが、悪い習慣であればマイナスの循環を生み出してしまうのが習慣化のコワイところ…。例えば、夜更かしをしたり、食べすぎたり、無駄遣いをしたり、ネットサーフィンをしたり、悪い習慣に振り回されていることはありませんか？「つい、やってしまう！」という行動習慣は、放っておくと健康や時間、人間関係さえも壊してしまう可能性があります。また、せっかく良い習慣を身につけたとしても、悪い習慣が１つでも生活に入りこむと、悪い習慣が良い習慣を追い出してしまうから注意が必要です！ でも「わかっていても、やってしまう…」というのが悪い習慣の特徴ですよね！ 私たちは油断をすると、すぐに目先の誘惑に負けてしまう生き物だから…！ そんな時こそ、自分でつくったシンデレラノートを活用しましょう！ 自分が本当に望む未来がしっかりとイメージできれば、悪い習慣を断ち切ることは簡単です！ 心の満足度を高め、なりたい自分になる為に、悪習慣を手放す勇気を持ちましょう！

## 習慣化の良い例・悪い例：図解

人生は習慣によって変化します。
あなたは習慣に振り回される人生と、習慣をコントロールする人生のどちらを選びますか？

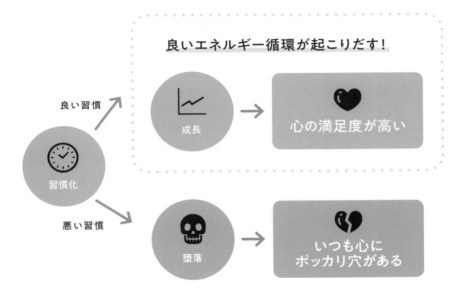

**良いエネルギー循環が起こりだす！**

良い習慣 → 成長 → 心の満足度が高い

悪い習慣 → 堕落 → いつも心にポッカリ穴がある

CHECK

習慣化のコツについてはp92-93を参考にしよう！
『わかっていてもできない…』
というあなたにおすすめのページだよ！

人生は今この瞬間から
変えていくことができる！

# 必ず振り返る

## Reflection in action

過去から学んだ事を次に生かすために必ず振り返ろう！
目標や夢の軌道修正をしてどんどんアップデートしよう！

## 振り返りは目標達成能力を育む！

　振り返りとは、自分自身の行いを思い返し、思考や気持ちの整理をすることです。
これまでにあった出来事を思い出すだけではなく、体験や取り組みを通して『気づいたこと』『改善点』を洗い出しながら、次の行動へとつなげていくことが振り返りの1番の目的となっています。この振り返りは、何かが上手くいっていない時だけ行うものではありません。「なぜそれが起きてしまったのか？」「責任はどこにあるのか？」と、結果に注目する『反省』とは全く別モノだからです。
　客観的に自分自身の行動を振りかえるものなので、感情に任せて、失敗だけに目を向けるのではなく、良かったことも、悪かったことも、何気ない日常で経験したことから『学びを得る』ということが振りかえりでは重要なポイントになります。
　日々、この振り返りを行うことで、少しずつ育まれるのが『目標達成能力』！ 今まで意識していなかった自分のクセや行動、作業の細かな矛盾などにも気づく事ができるので、ぜひ日常の中に取り入れていきたいですね！

## 振り返りの仕組み化をしよう！

　振り返りは、時間や内容を決めて仕組み化しておけば、すんなりと習慣にすることが可能です。ただ振り返りをしても「なかなか課題を整理できない…！」「いい解決策が見つからない…！」「結局今後はどうすればいいんだろう？」という壁にぶつかることがありますよね！
　振り返りに関してはたくさんのフレームワークが存在していますが、今回はそんな振り返りの弱点を補ってくれる『KPT』という手法をご紹介します！
　KPT（ケプト）とはKeep・Problem・Tryの言葉の頭文字をとったフレームワークです！ やり方はとてもシンプルで、「Keep＝良かったこと」「Problem＝困ったこと」「Try＝次に試すこと」についてそれぞれ考えていくだけ！ とても簡単に見えますが、ポイントをおさえて実践すると、課題の整理や解決策を見つける上でとても協力な手法になりますよ！ p87の図解を参考に、あなたもKPTを実践してみましょう！
　朝起きたらする！ 夜寝る前にする！ などと時間を決めておけば、昨日より今日！ 今日より明日！ と良いサイクルがつくれること間違いなしですっ！

## 振り返り用おすすめフレームワーク!

Keep・Problem・Tryの言葉の頭文字をとったフレームワーク、KPT（ケプト）を図解でご紹介するよ！ 1人で実践できるのでぜひやってみてね！

**おすすめ
フレームワーク**

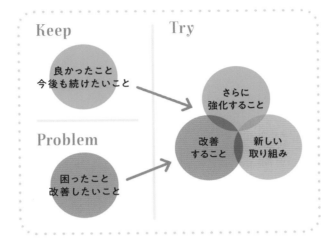

Keep
良かったこと
今後も続けたいこと

Try
さらに
強化すること

改善
すること

新しい
取り組み

Problem
困ったこと
改善したいこと

**サンプル例**

毎日お弁当を作ろう
と思ったけど
できなかった…

**Keep**
◆ 作り置きをした
◆ 起きる時間を
決めていた
⇒AM5：00

**Problem**
◆寝る時間がバラバラ
◆寝る直前まで
SNSをさわっていた

**Try**
◆日曜日と決めて
まとめて作り置きをする
（曜日を固定）

◆寝る時間を決める
⇒PM23：00

◆22：00から
SNSはさわらない

◆入浴時間を変える

振り返りできる人・
できない人で生まれる
成長の差は明確だね！

## PART 05-5 変化をおそれない！
### Without fearing changes

変化することは怖いコト？ それは自分の考え方次第！
変化をおそれず自分を常にアップデートしよう！

### コンフォートゾーンを抜け出そう！

　「新しいことにチャレンジしたいけど、なかなか行動できない…」と、変化を恐れてしまうあなたへ。人間が成長するための1つのキーワードとして、コンフォートゾーン（Comfort zone）という概念についてご紹介します。コンフォートゾーンとは、文字通り「居心地の良い場所」という意味です。心の中では挑戦したいと思っているのに、なかなか行動にうつせないのは、結局コンフォートゾーンという『不安レベル』が関係しています。

　例えば、家の掃除をする、通勤する、仲良しの友達と会うなど、慣れ親しんでいる毎日の行動はコンフォートゾーンの一部だと言えます。そんな居心地の良い場所から1歩踏み出すと、見たことのない景色が広がっていたり、心を乱される可能性が高くなってしまうので『不安レベル』が上がってしまいます。叶えたい夢や行きたい場所などがある場合は、それを実現する為に今までと違った何かに挑戦する必要がありますよね！ つまり、新しいことにチャレンジする為には、コンフォートゾーンから抜け出す必要があるというわけです！ やりすぎは禁物ですが、パニックにならない程度の『程よいストレス』は、自分の成長にとってとても大切なことだということになります。

### ノートはどんどん更新しよう！

　コンフォートゾーンは1度抜け出すだけでいいのでしょうか？ 答えは「いいえ」です。例えば、3段の跳び箱が跳べる子どもをイメージしてみてください。

　まだ5段は跳べないけれど、「5段が跳べるようになりたい！」といって、頑張って練習している時は、コンフォートゾーンを抜けている状態です（ラーニングゾーンという成長できる領域にいます）。でも、練習をして5段の跳び箱が『当たり前』に跳べるようになると、跳び箱5段の世界は『不安にならない行動範囲』となり、コンフォートゾーンになっていきます。

　このように、挑戦を続けることでコンフォートゾーンはどんどん広がってくのです。これはあなたのシンデレラノートでも、同じことが起こるかもしれません。もしも「これくらいならできるかも」「これは簡単だな」という感覚になった場合は、目標とする山の高さを変えてみたり、山に登るスピードを変えてみたりと、自分なりに程よいストレスを加えつつノートをどんどん更新していきましょう！ そして、コンフォートゾーンを抜ける行動を繰り返しながら、成長の階段を登ることを習慣として身に付けていきたいですね！

## コンフォートゾーン：図解

コンフォートゾーン・ラーニングゾーン・パニックゾーンという3種類の精神状態をご紹介するよ！ パフォーマンス向上を目指す場合は、ラーニングゾーンを常に意識しよう！

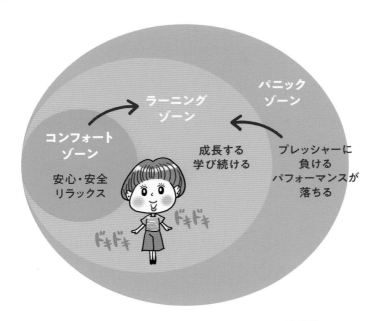

| コンフォートゾーン | ストレス小 | 🖤 |
| ラーニングゾーン | ストレス中 | 💓ドキドキ ← ココが大切 |
| パニックゾーン | ストレス大 | 💔 |

コンフォートゾーンは
繰り返し抜け出そう！ そして
どんどんアップデートしよう！

# 全ての工程に楽しさをプラス！

## Add fun

どんな行動にも、どんな挑戦にも『楽しさ』をプラスすることはできるよ！
さぁ、あなたはどんな楽しさをプラスする？

## 続けるという努力は自分を変える！

　『継続は力なり』という言葉は、「何事も続けることで成果が得られるものである」という意味のことわざです。なんの取り柄もない、自信もない、お金もない、センスや発想力もない…！という人でも継続することで夢をつかみとることができます！

　でも、一つのことを続けることが大切だと知りながら、途中で諦めてしまったり、モチベーションが下がったりして結局継続できない…ということも多いのではないでしょうか！

　そんなあなたに『継続』を実践し続けて未来を切り開いてきた元プロ野球・イチロー選手の言葉をご紹介します！

### イチローの名言

「努力せずに何かできるようになる人のことを天才というのなら僕はそうじゃない。努力した結果、何かができるようになる人のことを天才というのなら僕はそうだと思う」

イチロー選手と言えば、野球に興味がない人でも知っている日本を代表する偉人の1人です！ 自分は初めから天才ではないけれど、できる限りの努力を積み重ねてきて結果をつかんできたんだ！ という、この自信にあふれた言葉は、私たちにも勇気を与えてくれますよね！ 継続するチャンスは誰でも平等に与えられています。続けるという努力こそが、今の自分を変えるたった1つの方法だということを胸に刻んで1日1日を過ごしていきましょう！

## 努力が楽しくなる工夫をしよう！

　継続するために楽しくなる工夫をすることも大切です。私たちは、楽しいことをする為には時間を作ろうとします。これは、人間の本質的な性質です。続けることは「苦しいものだ」「我慢の連続だ」という固定観念を1度なくしてみましょう！
目標に向かって努力をしたり、苦労をすることはもちろん素晴らしく、尊いものですが、それだけでは自分の望む未来に辿りつくまでに心がポキッと折れてしまいます。大切なのは「楽しい！」「嬉しい！」という感情をプラスすること！ 日々の行動に『純粋な好き』という感情を足し算して、楽しい努力にかえてしまいましょう！

　例えばあなたが、運動が苦手でファッションが好きだとします。そんな時は、お気に入りのウェアやシューズなどを準備することで、苦手な運動が少し楽しくなるでしょう！「え？ そんなことで？」と思いがちですが、お気に入りのウェアやシューズを準備することは、運動するための理由づけとしてもとても効果的です！ どんな状況でも楽しめるように『遊びながら本気で取り組む』というイメージを忘れず、何事にも向き合ってみましょう！

## 楽しむために必要なマインドセット：図解

日々の行動に楽しさをプラスするとどんな変化がおこるかな？
あなたの行動にも、自分なりの好きを加えてみよう！

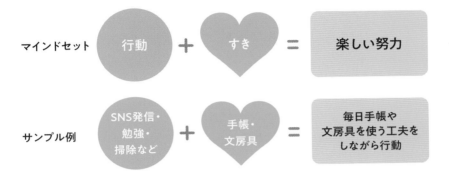

**マインドセット**　　行動　＋　すき　＝　楽しい努力

**サンプル例**　　SNS発信・勉強・掃除など　＋　手帳・文房具　＝　毎日手帳や文房具を使う工夫をしながら行動

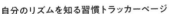

自分のリズムを知る習慣トラッカーページ

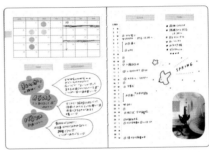

仕事と子育てのバランスを見るマンスリーページ

MORE

『今日はご褒美シールを貼りたいから頑張ろう！』など、
『すき』を巻き込んでいるからこそ行動できる！
という場合もあるよ！ どんどん好きを詰め込んでいこう！

楽しい！ 嬉しい！ という感情は
最強だよね！
努力が習慣になるまで
やってみよう！

# 習慣化6つのコツ！

## Make it a habit

最初から上手く行動できる人はいない！
自分にあった習慣化のコツを取り入れてやってみよう！

## 脱！3日坊主！習慣化6つのコツ

### コツ1　小さな1歩から始める

面倒くさい…！　と感じても、言い訳も出来ないくらいの小さい目標を立てるとGOOD！
大切なのはとにかく行動を0にしないこと！

### コツ2　ひとつずつ習慣をつくる

一気にライフスタイルを変えてしまうと『大きな変化』になってしまう為、挫折しやすい！
「あれもこれも！」と欲張りすぎずまずは1つから！

### コツ3　いつもの習慣に付け加える

「歯磨き中はスクワットを10回する」など、
毎日必ずやることに新しい習慣を取り入れることでムリなく自然に習慣化できる！

### コツ4　アクショントリガーを設定する

アクション・トリガーとは、『行動の引き金』のこと！習慣化したいことについて、
いつ・どこで・何をするかを予め決めておくことがポイント！

### コツ5　期間を決めてご褒美を用意する

ご褒美は、期間を設けて、短期的なもの・長期的なものを設定するのがおすすめ！
だんだんご褒美がなくても行動できるようになる！

### コツ6　仲間と一緒に取り組む

仲間がいると、応援してくれたり、上手くいかない時には背中を押してくれたりする！
ひとりで不安な場合は、仲間を見つけよう！

## 習慣化の流れイメージ：図解

習慣化6つのコツを実践しながら、『意識しなくてもできる』状態を目指そう！
振り返ると「当たり前になっていた！」というのが理想だよね！

| 意識して<br>いない | 意識しても<br>できない | 意識すれば<br>できる | 意識しなくても<br>できる |
|---|---|---|---|
| 楽 | ストレスがかかる | | 楽 |
| 何も感じない | あれ？苦しいカモ | | 当たり前に<br>なってる！ |
| | | | |
| | 習慣化の6つのコツを実践 | | ココを目指す！ |

 POINT

「やらなくてはいけない」と自分を追い込むのではなく、
人生ゲームのように壁を乗り越えるイメージで
工夫しながら進んでいこう！

継続するって
想像以上に難しいよね！
一緒に頑張ろう！

# もしくじけそうになったら…

## Approach

夢を描き、行動しても上手くいかない…。
そんな時期に試して欲しい6つの対処法をご紹介!

## くじけそうになった時の6つの対処法

### 対処法1 歌やマンガにふれる!

歌の歌詞やマンガのセリフ、何気ない言葉に元気をもらえることがある!
変わらない毎日を送っている時は心を動かすことが最も大切!

### 対処法2 信頼できる人に相談する!

ただ誰かに相談する、聞いてもらうだけでも気が楽になる!
不安・辛さ・苦しさというネガティブな感情を言葉にして、解放するのがおすすめ!

### 対処法3 偉人の名言をよむ!

数多くの失敗や挫折を繰り返してきたであろう偉人の言葉には、希望と勇気がつまっている!
あなたの折れそうな心に寄り添ってくれること間違いなし!

### 対処法4 運動をする!

運動をすると、心を安定させる働きをもつセロトニンやエンドルフィンという、
ストレスを解消させるためのホルモンが分泌される!

### 対処法5 やり方を変える!

目標を達成する為の方法は1つではない!
違った視点から自分のやり方を見つめ直すことで上手くいくことも多いはず!

### 対処法6 環境を変える!

環境を変えることで、物事に対する価値観や考え方が変わるようになる!
「なにをそんなに悩んでいたんだろう」と心に余裕も生まれやすい!

## 挫折の前に知っておきたい成長曲線！

自分の中にある『理想』の成長曲線と、『現実』の成長曲線をチェックしよう！
予め知っておけば、いろんな対処ができそうだよね！

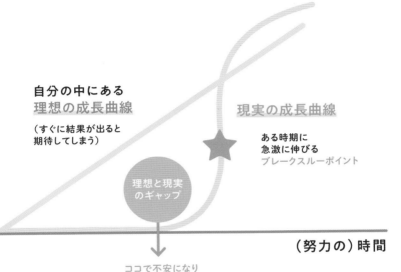

成長・成果

自分の中にある
理想の成長曲線

（すぐに結果が出ると
期待してしまう）

現実の成長曲線

ある時期に
急激に伸びる
ブレークスルーポイント

理想と現実
のギャップ

（努力の）時間

ココで不安になり
諦める人が多い

POINT

ブレイクスルーとは、進化や進歩の障壁を
従来にない方法によって突破すること！

「BREAK」破壊する
「THROUGH」通り抜ける

大丈夫！
あなたには乗り越える力があるよ！

# CHAPTER 3

ノートを彩るための
イラスト&レタリング

文字の書き方に気を使ったり、
イラストをノートの間に入れていくともっとノートが楽しくなります！

# 基本のペン
### Pens

基本の黒ペン！　種類やおすすめをご紹介するよ！
迷ったときは参考にしてみてね！

## 1本は欲しい！ おすすめの黒ペン！

お気に入りのノートにあう黒ペンを探してみよう！
ペンの見た目、書き味、メーカーごとの特徴など、知れば知る程楽しいよ！

### ピグマ　サクラクレパス

水性でありながら、耐水性・耐光性を実現した顔料サインペン！ カラーペンを重ねてもにじみにくく、裏写りもしにくい！

### ジュースアップ　パイロット

２０１７年にグッドデザイン賞を受賞した水性ゲルインキボールペン！ すらすらとなめらかに書けるのが特徴！

### ユニボールシグノdx　三菱鉛筆

小さい文字でもはっきり書けるゲルインクボールペン！ 黒以外のカラフルインクも充実のラインナップでおすすめ！

### サラサR　ゼブラ

濃くあざやかに書けるインクのジェルボールペン！ 学生さんから社会人まで幅広く愛用され、ジェルボールペンでは９年連続売り上げNo.1！

### 筆タッチサインペン　ぺんてる

筆ペンタイプなので、文字やイラストに強弱がつけやすい！ 筆先をつぶして太い文字を書いても、コシがあるのですぐに元通りになる！

## おすすめの黒ペン！選び方のポイント

インクの種類を知れば、目的別に使い分けができるのでおすすめ！
主なインクを3つに絞ってご紹介するよ！

### インクの種類

**油性インク**

他のインクに比べて、圧倒的に乾きが早いのが特徴！ 耐水性に優れているため、水に濡れてもにじみにくい！ 仕事・勉強・家事などあらゆるシーンで使える実用性の高いインク！

**水性インク**

なめらかでサラサラっとした軽い書き味が特徴！ 強い筆圧は必要ないので、長時間使用しても疲れにくい！ ただ、雨や汗など水滴がつくとすぐに文字がにじむというデメリットがある！

**ゲルインク**

水性と油性のメリットを両方兼ね備えた万能インク！ なめらかな書き心地に加えて、乾きも早く水にも強い！ ただ、油性・水性に比べてインクの減りが早い！

### 線の太さ

**0.5mm**

手紙や、書類といった文字をくっきり書きたい時におすすめの太さ。ペン先がつぶれにくく、存在感のある文字やイラストが書ける！

**0.3mm**

メモ帳や手帳など、少し細かい文字を書きたい時におすすめの太さ。画数の多い漢字などでもつぶれることなくキレイに書ける！

**0.1mm**

製図や漫画など、空気とインクの接触面をできるだけ抑えたい時におすすめの太さ。先が細いので力を入れて書くとペン先が潰れてしまう！

**自分のノートと相性の良い
究極の1本を探してみよう！**

# きれいなひらがなの書き方！

## How to write beautiful hiragana

基本となる美しいひらがなの書き方をマスターしよう！
何度も繰り返し練習することが文字上達のコツ！

## きれいなひらがなのポイントとは？

### 1 曲線を美しく描く！

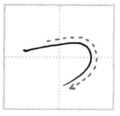

大小を含む、右回り、左回り、全ての曲線は特にゆっくり丁寧に書く意識をもって！

### 2 つながりを意識する！

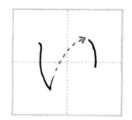

線と線の間の見えないつながりを意識すると、自然にまとまりのある文字が書けるよ！

### 3 外枠の形をイメージする！

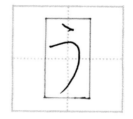

○△□など、外枠の形をイメージすることがキレイ文字最大のポイント！　バランスがとれるよ！

## きれいなひらがなを練習してみよう！

パっと見て「キレイだな！」という印象になったら嬉しいよね！
日常的に書くスピードよりもワンテンポ遅くして、ゆっくり文字を練習してみよう！

## きれいなひらがな一覧表

ひらがなは文章全体の約７０％を占めると言われているよ！
１文字１文字、文字の特徴を考えながら描くと、統一感のあるきれいなひらがなになっていくはず！

### きれいな漢字・カタカナワンポイントアドバイス！

POINT

感謝いたします
オリジナルデザイン

漢字・カタカナ共に、
《はらい・とめ・はね》は
しっかり意識しよう！

# PART 02-2 かわいいひらがなの書き方

How to write cute hiragana

ホッコリかわいいひらがなの書き方をマスターしよう!
3つのポイントをおさえれば簡単! ぜひ練習してみてね!

## かわいいひらがなのポイントとは?

### 1 文字の間に風船を入れるイメージ!

文字の中に風船を入れるイメージをもつと自然にやわらかい曲線がかけるようになる!

### 2 全部均等な大きさになるように!

上下左右を全部均等にしてみよう! 統一感がでてまとまりがあり、パッと見た時にもかわいいよ!

### 3 はらいやとめもきちんと書く!

かわいい文字でもはらいやとめをしっかり書こう! 基本の形はあまり崩しすぎないで!

## かわいいひらがなを練習してみよう!

簡単な日本語で少し練習してみよう! 日常的によく使う2語・3語くらいで練習すると楽しいよ!
上記3つのポイントを常に意識して書いてみてね!

## かわいいひらがな一覧表

基本を崩しすぎないかわいいひらがな一覧表だよ！
かわいいの定義は人それぞれだから、あなたの感じるかわいいに近づけてみてね！

## かわいい漢字・カタカナワンポイントアドバイス！

POINT

やっほ〜！頑張ってる〜？
メリークリスマス

かわいいひらがな同様、
上下左右全部大きさを
均等にして書いてみよう！

# 簡単なデコ文字の書き方！

## How to write Decorative characters

初心者でも簡単にできるデコ文字をマスターしよう！
いつもの文字にちょっとだけアレンジを加えるだけでOK！

## 簡単なデコ文字のポイントとは？

### 1 文字の端に●をつける！

文字の始まり・終わりに●を付け足すだけでPOPなイメージになる！　●の大きさは自分好みで！

### 2 上下長さを同じにする！

中心線を意識して、上下の長さを同じにしてみよう！　バランスのとれたオシャレな書体になるよ！

### 3 形にこだわらない！

←崩し

どんどん『遊び』を入れてOK！
書き終わりの長さをアレンジするだけでも個性がでるのでおすすめ！

## 簡単なデコ文字を練習してみよう！

大文字・小文字の書き始めと書き終わりを意識しながら練習してみよう！
線が真っすぐ書けなくても大丈夫！　書くコトを楽しんで！

| t | o | n | i | g | t | R | U | N |
|---|---|---|---|---|---|---|---|---|
|   |   |   |   |   |   |   |   |   |

## 簡単なデコ文字一覧表

黒一色で書いた簡単なデコ文字の一覧表をご紹介！
自分の好きな色で書くと、また違ったイメージになるよ！　ぜひやってみてね！

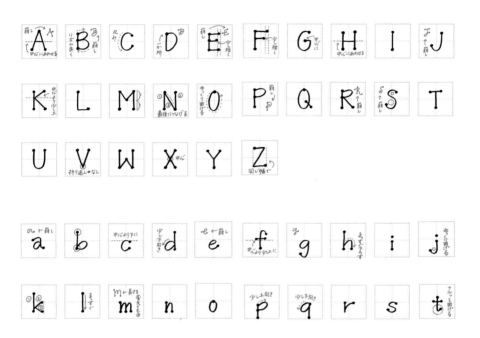

## 簡単なデコ文字のワンポイントアドバイス！

POINT

BOOKSTORE
STAR

文字の書き終わり、最後
の長さをアレンジしたり、
●を★に変えたりすると
雰囲気が変わるよ！

# カリグラフィーの書き方！
## How to write calligraphy

筆ペンがなくても書けるカリグラフィーの書き方をご紹介！
細めのペンを準備してさっそく書いてみよう！

## カリグラフィーのポイントとは？

### 1 縦ラインを肉付けする！

縦のラインだけ少し太く書くと、筆ペンで書いた時の筆圧感がしっかり表現できるよ！

### 2 線をなめらかに書く！

筆ペンで書いているような感覚でなめらかに線を描こう！ 書き終わりもサラっと払うとGOOD！

### 3 つながりを意識する！

つなげるイメージ

バランスが崩れやすいので、必ずつながりを意識しよう！ 大人っぽい印象になるよ！

## カリグラフィーを練習してみよう！

まずは1文字1文字の形を覚えるように練習してみよう！
慣れてきたら文字をつなげる練習をするというステップだとどんどん上達するよ！

## カリグラフィー一覧表

複雑そうに見えるカリグラフィーも、書き始めのリズムはほとんど同じだよ！
共通点を探しながら文字の形を確認してみよう！

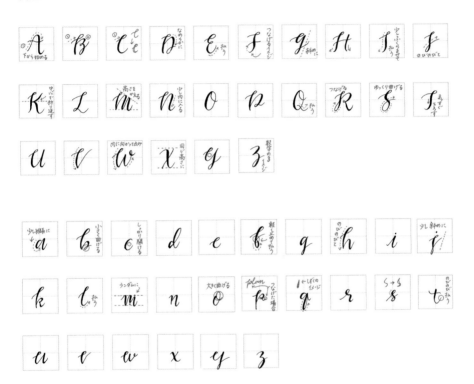

## カリグラフィーのワンポイントアドバイス！

 POINT

New
Year
Wedding

文字と文字の強弱を楽しんだり、線の先を延長させて飾りのように書き足してみて！

# そのまま使える仕事イラスト

How to draw Work illustration

四角や丸を重ね合わせてできる仕事のイラスト!
色味をシンプルにすれば大人っぽくなるよ!

## 簡単『仕事』イラストおすすめ3点

 **A** パソコンのイラスト

リモートワークが普及してきて
パソコンを使う機会も増えたよね!
画面の中に文字を書いたりしてアレンジしよう!

**B** 時計のイラスト

締め切りや待ち合わせなどのアイコンとして
使いたい時計のイラスト!
シンプルに描いてみよう!

**C** スマホのイラスト

自分の持っているスマホの色や形に合わせて
ボタンの位置などを変えてみよう!
もっと愛着がわくよ!

## 簡単『仕事』イラスト：描き方4STEP

**Ⓐ パソコンのイラスト**

**1** 角を丸めた長方形を描こう！

**2** 長方形の中に同じ要領で長方形を描こう！

**3** 少し外側に向かって線を伸ばし繋げるよ！

**4** 中心にボタン等を描いたら完成！

**Ⓑ 時計のイラスト**

**1** バランスのとれた円を描こう！マステや10円玉などの枠をなぞってもキレイな丸形ができるよ！

**2** 円の中に小さい円を描くよ！

**3** ベルトは内側に向かって狭くなるようなイメージで！

**4** シンプルに秒針を描いたら完成！

 アレンジ

〈 アレンジのコツ 〉
カチッとかたい印象の時計は、
ベルトを伸ばすと少しやわらかい印象になるよ！

**Ⓒ スマホのイラスト**

**1** 角を丸めた長方形を描く！

**2** 長方形の中に同じ要領で長方形を描こう！下の部分は少し余白を広めにとってね！

**3** 3等分した中心に長方形を描く！

**4** ボタンを描いたら完成！

 アレンジ

〈 アレンジのコツ 〉
画面の中に表情をいれて
キャラクターにするとホッコリ可愛い！

# そのまま使える学びイラスト

How to draw Illustration of learning

PART 03-2

学校の勉強や資格の勉強などに使える学びイラスト！
空いたスペースに書き込んでみよう！

## 簡単『学び』イラストおすすめ3点

 **A** シャーペンのイラスト

1番かきやすいシャーペンイラストを覚えたら、
キャップやクリップの形を変えたりして楽しんでみよう！

**B** ノートのイラスト

全体的にカクカクっとさせず
角を丸くしてみよう！
やわらかい印象になるよ！

**C** メモのイラスト

クリップとメモ用紙の組み合わせは最強！
どこでも使えるイラストだよ！
中に文字や絵を描いてみよう！

## 簡単『学び』イラスト：描き方4STEP

### A シャーペンのイラスト

 **1** →  **2** →  **3** →  **4**

1 細長い長方形を描こう！ 長さはお好みで描いてみてね！

2 キャップの部分に積み木を載せるイメージでデコボコをかこう！

3 クリップ部分は1回で描かず横・縦とペンの動きを2回にわけて描いてね！

4 先端部分は内側に向かって線を引こう！芯を描いたら完成！

アレンジ

〈アレンジのコツ〉
シャーペンの芯から繋げてレタリング文字を描くと大人っぽい印象に！

### B ノートのイラスト

**1** → **2** → **3** → **4**

1 ノートの枠を描こう！縦と横の線の長さは自由に調整してね！

2 少しズラしてもう1度枠を描こう！遠近感がでるように！

3 すき間をあけて中心に線を引こう！味がでるよ！

4 中に線を6本描いたら完成！ノートの枠のカーブにあわせてみてね！

### C メモのイラスト

**1** → **2** → **3** → **4**

1 ぷくっとしたフォルムを意識しよう！ まずは中心の半円を描いてね！

2 クリップ内に丸と線を1本引こう！中心を意識して！

3 メモ用紙をすきな大きさで描いてみよう！ 少し斜めに描くと可愛いよ！

4 中の線は平行に描いたら完成！ 直接文字をかいても◎！

POINT

〈描き方のコツ〉
メモがペラっとめくれている様子は内側に先端が向くようにするとgood！

# そのまま使えるお金イラスト

## How to draw money Illustration

少ない線で描けるお金イラスト!
難しそうに見えるけど描いてみると意外と簡単だよ!

## 簡単『お金』イラストおすすめ3点

 ### コインのイラスト

お小遣い・お給料日などに
ちょこんと描きたいコインのイラスト!
外貨コイン風にするとオシャレに!

 ### お札のイラスト

お札のイラストはゆるゆるっとした線で
描くとヒラヒラ感がでる!
重ねてかけばリッチな感じに!

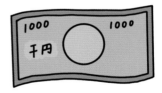

 ### さいふのイラスト

吹き出しとしても活用できる
可愛いさいふのイラスト!
貯金・節約時などにも使えて便利!

## 簡単『お金』イラスト：描き方4STEP

### A コインのイラスト

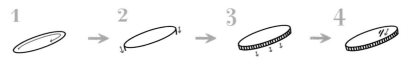

**1** 細長い丸を描こう！少し斜めに傾けるのがポイント！

**2** 下に向かって平行に線を描こう！長くなりすぎないように注意して！

**3** 均等に線を入れよう！細かくいれるとコインっぽいよ！

**4** キラキラっとした輝きを足したら完成！

アレンジ

〈 アレンジのコツ 〉
コインは何枚も重ねて描くと動きがでて可愛いよ！

### B お札のイラスト

**1** ゆるっとした長方形を描こう！横線はやわらかくカーブさせて！

**2** 内側に同じようにゆるっとした長方形を描こう！

**3** 中心に円を描こう！横と縦のバランスが均等になるように！

**4** 好きなお札の種類を描いたら完成！

### C さいふのイラスト

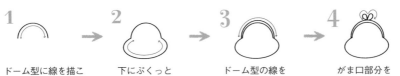

**1** ドーム型に線を描こう！やわらいカーブだとGOOD！

**2** 下にぷくっと膨らみを描く！

**3** ドーム型の線を上部に付け足す！

**4** がま口部分を描いたら完成！

アレンジ

〈 アレンジのコツ 〉
さいふの柄は自分の好みにしてみよう！色も模様も無限大に楽しめるよ！

# そのまま使える表情イラスト

## How to draw Face Illustration

とても描きやすい表情イラストをご紹介!
他のイラストとの相性バッチリ! ぜひ描いてみてね!

## 簡単『表情』イラストおすすめ3点

### A 嬉しい顔のイラスト

周りを笑顔にする嬉しいイラスト!
ハートや星などなどのアイコンと
一緒に描くのがおすすめ!

### B 悲しい顔のイラスト

困った時・悔しい時に使える悲しいイラスト!
涙の大きさを変えて悲しみの
度合いをアレンジしよう!

### C 怒った顔のイラスト

日常のちょっとした怒りを
コミカルに描ける怒ったイラスト!
描いている途中で怒りが楽しさに変わるかも?

## 簡単『表情』イラスト：描き方4STEP

### A 嬉しい顔のイラスト

**1** → **2** → **3** → **4**

**1** 丸を描こう！ バランスが崩れても気にしないで！

**2** 目・眉・口の順番で描こう！ 中心を意識しながら描くとバランスがとれるよ！

**3** 口の横に丸いほっぺたを描こう！ 中心線より下に描くと可愛いよ！

**4** 手は外側に向かって広げたら完成！

アレンジ

〈 アレンジのコツ 〉
足もプラスするとさらに躍動感がでるよ！

### B 悲しい顔のイラスト

**1** → **2** → **3** → **4**

**1** 丸を描こう！ 自分の輪郭を意識してもいいね（卵型・面長など）！

**2** 目・眉・口の順番で描こう！ 口角は下げてかくのがポイント！

**3** 涙を描こう！ 目からななめに飛び出しているようなイメージで！

**4** 手は下に向けてあわせたら完成！ 涙はたくさんかくと悲しみが増えるよ！

### C 怒った顔のイラスト

**1** → **2** → **3** → **4**

**1** 丸を描こう！ 輪郭はあってもなくてもいいよ！

**2** 目・眉・口の順番で描こう！ 目はつり上げて描いてね！

**3** ほっぺたは下に向かってすべて平行に描く！

**4** 手は上に向かって描いたら完成！

アレンジ

〈 アレンジのコツ 〉
眉を太くすると、さらに怒っているような印象がつくれるよ！

# PART 03-5 そのまま使える暮らしイラスト

## How to draw Beauty illustration

何気ない日常に使う便利な暮らしのイラスト！
身近なものから描いてみよう！

## 簡単『暮らし』イラストおすすめ3点

 **A** ## トイレットペーパーのイラスト

モノクロでも可愛いトイレットペーパーイラスト！
筒状が描けるようになると、
水筒・卒業証書などにもアレンジ可能！

**B** ## ハンガーのイラスト

衣替えや、捨て活する時などに
使えるハンガーイラスト！
収納・掃除・季節の変わり目に使ってみよう！

**C** ## サボテンのイラスト

過酷な環境でも力強く生きるサボテンイラスト！
インテリアしてではなく、
肌・心が乾燥している時にも活用できる！

## 簡単『暮らし』イラスト：描き方4STEP

### A　トイレットペーパーのイラスト

**1** → **2** → **3** → **4**

右上に向かって少し伸びた円を描こう！

3分の1の大きさの同じ円を内側に描こう！

両端ピッタリでかき始めまっすぐ下に線を伸ばそう！

上部の円と平行にカーブを描いて筒を閉じよう！ 最後に線をゆるゆるっと描いて紙の切れ目を描いたら完成！

### B　ハンガーのイラスト

**1** → **2** → **3** → **4**

ハテナマークをイメージしてハンガーのフックを描こう！

トンネルを描くイメージでドーム型の半円を描こう！

左右対称になるように肩面と底面を描こう！ 肩はぷくっと盛り上がらせて！

肩先よりも少し上の部分に最後の線を描いたら完成！

*POINT*

〈描き方のコツ〉
肩面と底面の描き順を確認してね！
最初に底面を描くとバランスが取れるよ！

### C　サボテンのイラスト

**1** → **2** → **3** → **4**

角を丸くした細長い長方形を描こう！

植木鉢の底も角に少し丸みをつけよう！

植木鉢を3分割した中央からサボテンを勢いよく描こう！ 気球のような形に！

トゲをランダムにいろんな方向に描いたら完成！

アレンジ

*HERE*

〈アレンジのコツ〉
吹き出しにするとサボテンフレームがつくれるよ！
文字も緑にすれば統一感もUP！

# そのまま使える健康イラスト

## How to draw Health illustration

人間はいつまでも健康でいたい！
書くだけで健康になれるようなイラストをご紹介！

## 簡単『健康』イラストおすすめ3点

 **A** マスクのイラスト

病気の予防や体調不良の際に
使えるマスクのイラスト！
マスクの中に毎日の体温を記録しても良さそう！

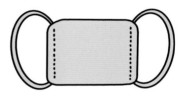

 **B** ヨーグルトのイラスト

内側から健康になりたい！と思った時に
使えるヨーグルトのイラスト！
食生活改善の意味をつけても◎

 **C** 体重計のイラスト

ダイエットやレコーディングの際に使える
体重計のイラスト！
丸と四角の組み合わせで描けるよ！

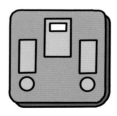

## 簡単『健康』イラスト：描き方4STEP

### Ⓐ マスクのイラスト

**1** 角をまるめた長方形を描こう！

**2** 耳やアルファベットのCをイメージしながらヒモを描いて！

**3** 反転させて右側にもヒモを描こう！

**4** 両端のテンテンで縫い目を描いたら完成！

アレンジ

〈 アレンジのコツ 〉
嬉しい！ 表情イラストにマスクを追加すると周囲に気を配っている感じが表現できるよ！

### Ⓑ ヨーグルトのイラスト

**1** 細い長方形を描こう！

**2** 長方形の3倍ほどの幅でフタを描こう！

**3** 容器は少しだけ内側に入りこむように線をつなげて！

**4** ラベルの部分は線を平行に描いたら完成！

アレンジ

〈 アレンジのコツ 〉
ラベル部分に自分の体重や理想体重を描くと楽しんで記録ができるよ！

### Ⓒ 体重計のイラスト

**1** 角を丸めた真四角を描こう！

**2** 点線くらいの幅で少しずらして影を描こう！

**3** 中央に家の扉のような長方形の四角を描こう！

**4** 足の形になるように長方形と丸を描いたら完成！

# PART 03-7 そのまま使える美容イラスト

How to draw Beauty illustration

美しさを追求したい時に使いたい美容イラスト！
いろんなカラーを楽しんで！

## 簡単『美容』イラストおすすめ3点

**A** ### 指輪のイラスト

特別なお祝いや自分って輝いているなぁ〜
と思った時などに使える指輪イラスト！
ダイヤは好きなだけ大きくしよう！

**B** ### クレンジングのイラスト

化粧品のボトルは共通点多いので、
化粧水や乳液などにも活用できるよ！
顔の汚れや心の汚れをとりたい時に使ってみよう！

**C** ### ネイルのイラスト

美容DAYや自分磨きをした日に
使えるネイルのイラスト！
心の状態にあわせて色を変更しても可愛いよ！

## 簡単『美容』イラスト：描き方4STEP

### Ⓐ 指輪のイラスト

1  → 2  → 3  → 4

ひし形をイメージしながら五角形を描こう！

中心下で交わるように線を2本伸ばそう！

アルファベットのWをイメージして！下の線と合わせるように描こう！

ダイヤよりも小さい丸を2つ描いたら完成！

### Ⓑ クレンジングのイラスト

1  → 2  → 3  → 4

少し縦長の四角を描こう！

ハンコを描くイメージで1の四角とつなげて描こう！

ボトルの肩はなで肩になるようにやさしい丸みをつけて！

ボトルの肩からはみ出ないように液体が出る部分を描いたら完成！

アレンジ

〈アレンジのコツ〉

吹き出しのように液体を描いて
液につかっているような文字を描くとGOOD！

### Ⓒ ネイルのイラスト

1  → 2  → 3  → 4

少し幅のある縦長の四角を描こう！

肩に少し丸みをつけた長方形を描こう！

長方形の中にコップを描くイメージで！コップの底はぐにゅっと線を曲げよう！

ＮＡＩＬの文字は色をつけられない場合に描こう！あっという間に完成！

アレンジ

〈アレンジのコツ〉

同じボトルを並べると店のような雰囲気に！
自分好みのカラーを楽しんで！

# PART 03-8 そのまま使える楽しみイラスト

## How to draw Fun illustration

ちょっと付け足したい時に使える楽しみイラスト！
春夏秋冬使えるのでぜひマスターしておこう！

## 簡単『楽しみ』イラストおすすめ3点

**A** ケーキのイラスト

イチゴのショートケーキは
お誕生日やお祝いに使える定番イラスト！
イチゴを他の果物にしたり
アレンジもたくさんできるよ！

**B** ゲームのイラスト

ゲーム画面の中にメッセージを書けば
フレームとしても使えるよ！
好きなゲームキャラクターを描いてもイイよね！

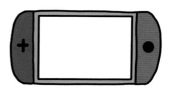

**C** キャンプテントの
イラスト

少し複雑そうなキャンプテントの
イラストもステップ通りにかけばとっても簡単！
ぜひチャレンジしてみよう！

## 簡単『楽しみ』イラスト：描き方4STEP

### A ケーキのイラスト

**1** → **2** → **3** → **4**

いちごはぷくっと丸く描こう！ 中のつぶは3列くらいがベストだよ！

クリームをランダムに3つ描こう！ 大きさは同じじゃなくていいよ！

縦と横の線は平行を意識して描こう！ 横線は少し右肩上がりに描くといいよ！

クリームがたれている感じで波線を描いて中に模様を描いたら完成！

 POINT

〈 クリームの描き方のコツ 〉
上から順番に描いていこう！ くねっと滑らかな線にするとクリーム感がup！

### B ゲームのイラスト

**1** → **2** → **3** → **4**

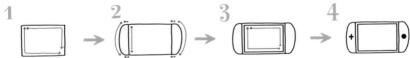

縦線よりほんの少し長い横線で長方形を描こう！

やわらかな曲線で持ち手の部分を描こう！

長方形の中に一回り小さい長方形をかこう！画面の部分だよ！

ボタンの部分を描いたら完成！

### C キャンプテントのイラスト

**1** → **2** → **3** → **4**

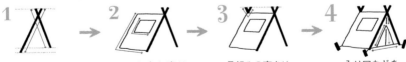

少し太めの線をクロスさせよう！

テント布と窓は線を平行に！

骨組みの高さはしっかり揃えて！

入り口などを描いたら完成！

 POINT

〈 骨組みの描き方のコツ 〉
下の線は少しズラすと奥行きがでるよ！

# あなたもシンデレラノートをつくってみよう

お気に入りのノートと文房具でシンデレラノートをつくってみましょう。
できあがったものはSNSにアップしていけばモチベーションが上がりますよ！

## おわりに

私が初めてシンデレラノートをつくったのは高校生の時です。

チラシの裏に黒ペンで書いた夢の地図は
私にワクワクやときめきを与えてくれました。

同時に、『書く』という楽しさも教えてくれました。

この本を通して、あなたの心にもワクワクやドキドキといった
嬉しい変化があれば大変嬉しく思います！

おとぎ話のように、魔法の力を借りてシンデレラになることはできませんが、
小さな行動の積み重ねで、
あなただけのシンデレラストーリーをつくることは必ずできます！

ぜひ諦めずに挑戦してみましょう！

くじけそうな時や迷った時はこの本を読み返して
元気をチャージするといいですよっ！

夢はどんどん更新されます！
だからシンデレラノートもどんどん更新してください！

後から振り返ると、その時に感じた想いや悩みが
とても愛おしく感じる日がきます！

これからあなたの夢がたくさん叶いますように！

もし夢が1つでも叶ったら、SNS等でメッセージをください！
ハッシュタグ『 #私のシンデレラノート 』でお待ちしております！

モヤモヤな毎日をワクワクに変える
**シンデレラノートのつくりかた**

●定価はカバーに表示してあります

2021 年 9 月 10 日　初版発行
2021 年 10 月 26 日　3 刷発行

著　者　手帳のじかん
発行者　川内長成
発行所　株式会社日貿出版社
東京都文京区本郷 5-2-2　〒 113-0033
電話　（03）5805-3303（代表）
FAX（03）5805-3307
振替　00180-3-18495

印刷　株式会社 シナノ パブリッシングプレス
装丁・デザイン　pasto

ISBN978-4-8170-8267-1　　http://www.nichibou.co.jp/